Electra

Sófocles

Electra

Soffocles

CYFIEITHIAD
EUROS BOWEN

GWASG PRIFYSGOL CYMRU
CAERDYDD
2009

882.01

Cyhoeddwyd yn wreiddiol yng nghyfres *Dramâu'r Byd*
dan olygyddiaeth Gwyn Thomas

Argraffiad cyntaf 1984
Ail argraffiad 2009

www.gwasgprifysgolcymru.org

Mae cofnod catalogio'r llyfr hwn ar gael gan y Llyfrgell Brydeinig.

ISBN 978-0-7083-0872-1
e-ISBN 978-0-7083-2263-5

Argraffwyd gan CPI Antony Rowe, Chippenham, Wiltshire

CYNNWYS

RHAGAIR

Mae saith o ddramâu Soffocles wedi goroesi. Troswyd un ohonynt, *Antigone,* gan yr Athro W. J. Gruffydd yn 1950, a'i chyhoeddi gan Wasg y Brifysgol. Cyhoeddodd y wasg honno gyfieithiad Cymraeg o *Oidipos Frenin* yn 1972 ac o *Oidipos yn Colonos* yn 1979.

Defnyddiwyd testun Syr Richard Jebb o *Electra* (1897 a 1914) ar gyfer y cyfieithiad hwn, a rhif y llinellau yn nhrefniant y testun hwnnw a ddefnyddir yn y trosiad yma. Ymgynghorwyd hefyd ag argraffiad Campbell ac Abbott o *Electra* (1896) ac â'r argraffiad o *Electra* gan J. H. Kells (1973).

Troswyd y tri chorawd i gynghanedd rydd, a hefyd dau ddarn o'r Exodos: (i) sylwadaeth y Côr ar weithredu'r gosb am lofruddio Agamemnon (1419-1423), a (ii) diweddglo'r ddrama gan y Côr (1508-1510):

> Had tref Atréws,
> bereiddied y llwybr i ryddid,—
> anodd â'i laweroedd o ddoluriau;
> ond drych gwych o'r trechu yw gweld
> hen boenau'n dibennu.

RHAGYMADRODD

Mae'r chwarae yn y ddrama *Electra* o waith Soffocles yn digwydd o flaen plas Agamemnon yn Micenai, yn Argolis, yng ngogledd-ddwyrain deheudir gwlad Groeg. Mae olion y gaer i'w gweld o hyd. Yn 1876, ar ôl iddo fod yn cloddio yng Nghaerdroia yng ngogledd-orllewin Asia Leiaf—lle y mae Hissarlick fodern—llwyddodd yr Almaenwr Heinrich Schliemann i brofi, trwy dystiolaeth archaeolegol, fod Rhyfel Caerdroia yn ffaith hanesyddol. Mae caer Micenai, a muriau amddiffynnol o'i chwmpas, yn sefyll ar godiad tir yn wynebu gwastatir ffrwythlon islaw, lle y gwelir heddiw goed olewydd a gwinwydd yn tyfu, a defaid a geifr yn pori.

Eir i mewn i'r gaer ar hyd ramp o gerrig mawr a thrwy Borth-y-llewod a godwyd o feini anferth, a phâr o lewod naddedig ar y grib a cholofn nadd rhyngddyn nhw—arwyddlun yn rhoi argraff o rym arglwyddi'r gaer. Ond, gan nad beth am hynny, mae'n eithaf posibl fod perthynas rhwng llewod y porth yma yn Micenai a llewod Rhea, y Fam-Ddaear a mam Zews. Hynny yw, byddai'n anodd amau nad oes cysylltiad rhwng y llewod ac arwyddluniaeth y cafwyd tystiolaeth iddi yng nghyfnod olaf Cnosós yn Ynys Creta. Cafwyd yn Cnosós sêl ac arni lun duwies ar gopa mynydd a llew ar y naill du a'r llall iddi mewn ystum defod parchedigaeth. Mae'r sêl hon ar hyn o bryd yn Amgueddfa Archaeolegol Heracleion, prifddinas Creta. Gellir nodi hyn hefyd—yng nghyfnod olaf Cnosós gwelwyd troi sgert laes ffigurennau'n golofn. Dyna gael, felly, batrwm arwyddlun y golofn a'r llewod sydd yn Micenai—y golofn yn Fam-Ddaear, a'r llewod yn warcheidwaid iddi.

Y tu mewn, heibio i Borth-y-llewod, ar y llaw dde, fe ddarganfu Schliemann gylch o feini ac ynddo chwech o feddau. Yn y beddau roedd offer ac arfau efydd, cwpanau a gwrthrychau eraill, ac yn arbennig fasgiau aur dros wynebau ysgerbydau. Tybiai Schliemann fod un o'r masgiau hyn yn fasg marwolaeth Agamemnon, un o'r enwocaf o frenhinoedd Micenai, a chadlywydd y Groegiaid yn rhyfel deng mlynedd Caerdroia. Anfonodd frysneges at Frenin Siôr y Groegiaid i'w hysbysu ei fod wedi edrych ar wyneb Agamemnon. Gwyddys bellach, fodd bynnag, fod y masgiau hyn yn hŷn o lawer nag amser Agamemnon. Ychydig ymhellach ymlaen ym muarth y gaer, ar y chwith, a ramp yn arwain ato, y mae plas yr hen frenhinoedd. Ymhlith yr ystafelloedd yno y mae megaron—neuadd

ix

hirsgwar a drws yn un pen. Yn ymyl y megaron y mae baddon, ac mae rhai'n credu mai dyma'r union fan lle y llofruddiwyd Agamemnon. Gyferbyn â'r gaer, yr ochr draw i'r gwastatir islaw, ceir beddau cwch-gwenyn mawr o dri chwrs ar ddeg ar hugain o feini dros droedfedd o drwch—beddau sy'n ymestyniad o egwyddor bedd cylch (bedd *tholos*). Tybiwyd unwaith fod Atréws, hen frenin Micenai, wedi ei gladdu yn y mwyaf o'r beddrodau hyn, a Clutaimnestra, gwraig Agamemnon, mewn un arall. Ond mae profion carbon yn y blynyddoedd diwethaf yma wedi profi fod y beddau'n hŷn nag amser Atréws. Ysbeiliwyd y beddau hyn gan ladron yn y cyfnod cyn-hanesyddol. Y bedd a briodolid i Atréws yw'r beddrod cwch-gwenyn mwyaf yng Ngroeg.

Heb fod yn hir wedi Rhyfel Caerdroia fe syrthiodd Micenai, fe ymddengys, yn ôl tystiolaeth yr hanesydd Thucudides, dan ymosodiad y Doriaid—llwythau a ddechreuodd ddod i lawr i'r Peloponnesos o'r gogledd tua 1200 c.c. Gwelodd yr ymosodiad ddiwedd gwareiddiad yr Oes Efydd yn neheudir Groeg. Nid adferwyd yr hen ogoniant yn Micenai. Darfu hefyd am fawredd plasau yn Argos, Pulos, a chanolfannau breniniaethol eraill. Mae rhai arbenigwyr, fodd bynnag, o'r farn nad dyfodiad y Doriaid yw'r esboniad cywir am ddiflaniad y gwareiddiad Micenaiaidd. Un esboniad posibl, meddir, yw i newid ddigwydd yn hinsawdd y wlad, oherwydd cyfnod hir o ddiffyg glawogydd, a newyn a ddaeth i ganlyn hyn. Esboniad posibl arall, fe ddywedir, yw terfysgoedd ymosodol rhwng breniniaethau lleol a'i gilydd yn neheudir Groeg. Sut bynnag, mae'n ffaith hanesyddol i lwythau o Ddoriaid ddal i ddod i lawr i'r Peloponnesos dros gyfnod o ddau can mlynedd, ac roedden nhw'n defnyddio cleddyfau curo o haearn lle roedd y Micenaiaid yn defnyddio cleddyfau gwthio o efydd.

"Cyfoethog o aur," yw gair Homer am Micenai, ac mae digon o dystiolaeth i gadarnhau hyn, oherwydd fod crochenwaith Micenai, er enghraifft, wedi ei ddarganfod mor bell i ffwrdd â Syria, yr Aifft, Sisilia a'r Eidal—crochenwaith wedi ei beintio gan feistri o grefftwyr.

Traddodiadau am y cyfnod cyn y diwedd yw'r gyfeiriadaeth Ficenaiaidd sydd yn Homer a ysgrifennai, hwyrach, yn yr wythfed ganrif c.c. Fe ddichon fod y traddodiadau hyn yn rhan o lên lafar arwrol yr Achaiaid—fel y gelwir y Groegiaid a aethai ar y cyrch rhyfel i Gaerdroia.

Yn ôl Homer roedd i bob rhanbarth ei frenin ei hun, ac y mae olion archaeolegol yn ategu hyn. Ceid neuadd orsedd lle y byddai'r brenin yn derbyn ymwelwyr swyddogol. Yno y byddai'n eistedd ar ei orsedd, a theyrnwialen yn ei law. Mae 'na grybwyll yn y ddrama hon am deyrnwialen Agamemnon.

Roedd hen ddinasoedd Groeg yn hoffi sicrhau iddyn nhw eu hunain sefydlydd o'r Oes Arwrol. Felly mae'r llinach frenhinol yn Micenai yn olrhain ei hanes yn ôl i Pelops, mab Tantalos, brenin Lydia yn Asia Leiaf. Roedd Tantalos ei hun yn fab y duw Zews. Mae llinach Pelops, yn ôl chwedloniaeth, yn arwain trwy Atrёws ymlaen i Agamemnon ac Orestes. Agamemnon oedd yn teyrnasu yn ystod Rhyfel Caerdroia, hwyrach, tua 1250 c.c., fe ymddengys.

Merch i Agamemnon oedd Electra, prif gymeriad y ddrama hon. Mae'n bresennol ym mhob golygfa, megis y mae Oidipos yn ffigur canolog yn *Oidipos Frenin.*

Nid oes sicrwydd ynghylch dyddiad cyfansoddi a llwyfannu'r *Electra,* ond bernir ei bod yn un o ddramâu diweddar Soffocles. Dywed Aristoteles (384-322 c.c.): "Ni ddylid ceisio glynu'n ddieithriad wrth y storïau traddodiadol sy'n destun mwyafrif y trasiedïau. Yn wir ffolineb fyddai ceisio gwneud hynny, gan mai i ychydig y mae hyd yn oed y storïau adnabyddus yn adnabyddus.'' (Cyfieithiad J. Gwyn Griffiths: *Aristoteles: Barddoneg,* Tud. 85) Er bod Aristoteles yn traethu fel hyn yn null rhoi cyfarwyddyd i ddramodwyr, ymgadw rhag glynu'n dynn wrth stori draddodiadol a wnaethai'r tri dramodydd mawr hefyd—Aischulos, Soffocles ac Ewripides, a ysgrifennai cyn ei amser ef.

Yn ôl Homer: *Ilias* 9.145, roedd gan Agamemnon, brenin Micenai, dair merch—Chrusothemis, Laodice ac Iffianasa. Nid enwir Electra, ond tybiwyd wedi amser Homer mai enw arall ar Electra oedd Laodice. Daw'r enw Electra i amlygrwydd yng ngwaith y bardd Stesichoros (630-553 c.c.) o Himera yng ngogledd Sisilia a oedd yn rhan o Magna Graecia. Yn *Orestes,* 23 Ewripides (480-406 c.c.) enwir y merched yn Chrusothemis, Iffigeneia ac Electra. Nid oes sôn yn Homer am aberthu Iffigeneia. Mae Soffocles (496-406 c.c.) yn sôn am bedair o ferched Agamemnon: Iffigeneia, Electra, Chrusothemis ac Iffianasa, ond dim ond enwi Iffianasa a wneir.

Yn nramâu'r tri mawr mae Electra yn elyniaethus i'w mam, oherwydd iddi lofruddio ei thad, a hi yw'r ysgogiad y tu ôl i'w brawd Orestes, a hi sy'n ei yrru i ddial ar eu mam nhw ill dau.

Yn 458 C.C. lluniodd Aischulos (525-456 C.C.) ddilyniant o dair drama yn ymwneud ag euogrwydd etifeddol teulu brenhinol Micenai. Yn y gyntaf—*Agamemnon*—daw'r brenin Agamemnon adref o Ryfel Caerdroia, ac fe'i llofruddir gan ei wraig Clutaimnestra. Yn yr ail—y *Choëfforoi* (Cludyddesau diod-offrymau) mae Orestes yn dial llofruddiaeth ei dad trwy ladd ei fam. (Yn *Electra* Soffocles mae Clutaimnestra ac Aigisthos gyda'i gilydd yn lladd Agamemnon.) Ac yn y drydedd ddrama—yr *Ewmenides*—fe ryddheir Orestes o euogrwydd a'i buro. Mae pob un o'r tair drama hyn yn gyfanwaith unigol, ac ar yr un pryd yn rhan o gyfanwaith mwy, a rhoddwyd yr enw *Oresteia* ar y dilyniant yn ei gyfanrwydd. Nid gweithio ar egwyddor dilyniant o ddramâu a wnâi Soffocles. Mae pob drama ganddo ef yn gyfanwaith unigol, annibynnol. Y *Choëfforoi* sy'n cyfateb i *Electra* Soffocles. Yn y ddrama honno, ac yng ngwaith Aischulos, at ei gilydd, mae pwerau goruwchnaturiol megis yn hofran o gwmpas y llwyfan ac yn dwyn sylw'r cymeriadau a chynulliad y theatr fel ei gilydd gan yr ofnadwyedd. Diddordeb yn ymateb y prif gymeriadau i'w sefyllfa sy'n amlwg yn nramâu Soffocles. Yn yr *Electra* mae'n rhoi sylw arbennig i gyflyrau seicolegol Electra, ac y mae'r cyflyrau hynny'n newid o ddyfnder trallod a thristwch i orhoen llawenydd. Mae lle cymharol amlwg iddi hefyd, yn unol â'r testun, yn *Electra* Ewripides—fel y gellid disgwyl. Sut bynnag, mae ef ar ei ben ei hun yn condemnio'r duw Apolon am awdurdodi'r dial am lofruddio Agamemnon, ac y mae'n galw ei gefnogaeth i'r dial yn "llais annoeth". I Electra Soffocles mae trefn cyfiawnder, lle y mae a wnelo â llofruddiaeth, yn hawlio talu'r pwyth yn ôl—gwaed am waed, ys dywed y Côr:

> Mae'r gwaed o'r meirw gynt
> yn dileu'r dilëwyr. (1421)

Uchafbwynt stori hir yw trasiedi Groeg, a dyna yw *Electra* Soffocles. Mae'r cyfan yn digwydd mewn llai na dwyawr.

Yr olygfa yw buarth plas Agamemnon yn Micenai. Daw tri gŵr i'r golwg o flaen y plas—Orestes, mab Agamemnon, sydd rywfaint dros ugain mlwydd oed, ei gyfaill Pulades o Phocis, a hen hyfforddwr (*paidagogos*) Orestes er pan oedd yn blentyn. Mae'r hen ŵr hwn yn tynnu sylw at lecynnau arbennig sydd yn y golwg. Adeg y wawr yw hi, ac mae'r adar yn dechrau canu. Mae'r tri'n cynllunio sut i weithredu. Roedd y duw Apolon wedi gorchymyn i Orestes ddial am lofruddiaeth ei dad heb gymorth byddin. Roedd i wneud y gwaith ei hun. Mae'r hyfforddwr i geisio mynediad i'r plas, a dweud mai Phociad yw, wedi ei anfon gan Phanotews, cyfaill i Aigisthos, priod Clutaimnestra, a gweddw Agamemnon. Mae i ddweud wrth Clutaimnestra fod Orestes wedi ei ladd mewn gornest siaredau yn y chwaraeon yn Delffi. Yn y cyfamser aiff Orestes a Pulades at fedd Agamemnon ag offrymau, ac yna dychwelyd i'r plas ag wrn yr oedden nhw wedi ei guddio, a dweud eu bod yn dwyn llwch Orestes adref i'w gladdu ym meddrod ei dadau.

Daw Electra o'r plas ar ei phen ei hun. Mae'n cyfarch heulwen ac awyr y bore cynnar, ac mae'n sôn yn wylofus am ei galar dros ei thad a laddwyd gan ei mam ac Aigisthos "fel coedwigwr yn cwympo derwen." (99)

Mae'r Côr yn dod i'r golwg—pymtheg o wragedd bonheddig Micenai. Maen nhw'n deyrngar i goffadwriaeth Agamemnon, yn casáu Clutaimnestra ac yn cydymdeimlo ag Electra. Ond mae gormodedd tristwch Electra yn ofid iddyn nhw. Mae hi fel yr eos, yn aderyn galar. Myn Electra eu hatgoffa ei bod yn ddibriod ac yn ddiblant, ac yn disgwyl, megis yn ofer, i'w brawd ddychwelyd o'i alltudiaeth yn Phocis i ddial ei thad. Mae hi fel caethferch ar aelwyd ei thad. Deil hi'n deyrngar i'w gofid am ei bod yn deyrngar i'r cof am ei thad. Ar hyn, mae'r Côr yn addo derbyn ei harweiniad hi.

Gwrthrych casineb iddi yw ei mam sydd hyd yn oed yn dathlu'n rheolaidd ddyddiad llofruddiaeth Agamemnon.

Ymddengys Chrusothemis, chwaer Electra. Mae hi'n cario offrymau i'w gosod ar fedd ei thad, a hyn ar ran ei mam. Mae'n ceryddu Electra oherwydd yr holl wylofain cyson. Cydnebydd hi fod cyfiawnder ar ochr Electra, ond mae hi ei hun yn dymuno byw'n rhydd ac yn llewyrchus, a'r unig ffordd i wneud hynny yw ildio i'r rheini sy'n dal yr awenau yn Micenai. Ateb Electra yw fod yn rhaid dewis rhwng ffyddlondeb i'r marw a doethineb hunanol. Mae Chrusothemis yn bradychu ei thad trwy fyw'n foethus gyda llofruddion. Dywed Chrusothemis wrth Electra y bydd Aigisthos, pan ddaw'n ôl adref o'i daith bresennol, yn ei hanfon ymaith ac yn ei chaethiwo mewn dwnsiwn. Yn ei dirmyg mae Electra'n croesawu'r newid a addewir ar ei chyfer. Ar hyn, mae'n holi ynghylch yr offrymau y mae Chrusothemis yn eu cario. Ei mam, meddai hi, oedd am iddyn nhw gael eu gosod ar feddrod Agamemnon oherwydd breuddwyd a gawsai y noson cynt, pan ymddangosodd Agamemnon o'i blaen a theyrnwialen yn ei law, ac yntau'n ei phlannu ar yr aelwyd, a'r wialen wedyn yn brigo'n gangen ddeiliog, a'i chysgod yn taflu dros holl dir Micenai. I Electra arwydd yw hyn oddi wrth y marw, ac y mae'n pwyso ar ei chwaer i luchio'r offrymau i ffwrdd. Mae'r Côr yn cytuno â gair Electra, ac mae ei chwaer yn ildio i'w barn. Mae'r Côr wedi ei argyhoeddi gan farn Electra fod Agamemnon yn dal i gofio am y llofruddiaeth, a bod y Deraon— pwerau dial—yn effro o'i blaid. Mae melltith tŷ Pelops ar waith o hyd.

Dyma Clutaimnestra yn dod i'r golwg a llawforwyn gyda hi. Daw ag offrymau o ffrwythau i'w gosod ar allor Apolon sy'n wynebu'r plas. Gwêl Electra, ac mae'n troi arni. Mae'n ei chyhuddo o grwydro allan o'r tŷ gyda bod Aigisthos yn mynd i ffwrdd. Mae'n amddiffyn yr hen lofruddiaeth, a dywed: "Cyfiawnder, nid fi yn unig, laddodd dy dad." (528) Lladdwyd ei merch Iffigeneia yn aberth, meddai, i'r dduwies Artemis gan Agamemnon, a dial oherwydd hynny oedd ei lofruddio. Ond, medd Electra, nid oedd hynny'n esbonio pam y cymerodd hi Aigisthos yn gariad pan oedd ei gŵr i ffwrdd yn y rhyfel a'i briodi wedyn ar ôl llofruddio ei gŵr.

Wedi bygwth Electra â thriniaeth arw pan ddaw Aigisthos adref, mae Clutaimnestra yn galw am lonydd i fynd ymlaen â'r aberth yr oedd wedi ei fwriadu i Apolon yn y gobaith y gwelai gyflawni breuddwyd y noson cynt er mantais iddi hi ei hun.

Yna daw'r hyfforddwr gerbron yn rhith cennad oddi wrth Phanotews yn Phocis. Dywed yn blwmp fod Orestes wedi marw. Mae Clutaimnestra am gael yr hanes; a cheir disgrifiad o'i ladd mewn gornest siaredau, hwyrach y disgrifiad enwocaf o ras o'r fath yn holl lenyddiaeth Groeg. Bu'r ffaith fod Orestes yn fyw ac yn ei bygwth â marwolaeth yn boen i Clutaimnestra dros y blynyddoedd, ac yn beth a oedd yn ei blino'n arbennig yn oriau cwsg y nos. Bellach nid oes angen iddi ofni. A chan ei fod wedi marw nid oes angen nawr iddi ofni bygythion Electra chwaith. Geilw'r gennad i mewn i'r tŷ iddo dderbyn cydnabyddiaeth arferol cennad o wlad arall.

Mae galar Electra yn dwysáu. Aiff hi byth ragor i mewn i'r tŷ, ond aros ar hiniog y drws a dihoeni yno. Cydymdeimlad yw ymateb y Côr. Ar hyn daw Chrusothemis ar frys, ac yn gyffrous gan lawenydd, oherwydd gwelsai offrymau ar feddrod Agamemnon na allent fod wedi eu gosod yno gan neb arall ond Orestes. Ond mae Electra yn ei hysbysu fod Orestes wedi marw. Mae'n addef i'w chwaer mai ei bwriad nawr yw iddi hi ei hun ladd Aigisthos. A gaiff hi gymorth Chrusothemis? Cred y Côr y dylid bod yn wyliadwrus dan yr amgylchiadau presennol. I ganlyn yr awgrym yma fe ddywed Chrusothemis fod cynllun Electra yn beth ynfyd, ac aiff i mewn i'r tŷ a gadael ysbryd drwg ar ôl rhyngddi a'i chwaer. Erbyn hyn mae dygnwch Electra wedi ennill y Côr drosodd o'i phlaid gyda chredu fod Electra yn dangos pietasiaeth yn debyg i'r ffordd y bydd cywion adar yn coleddu eu rhiaint.

Daw Orestes a Pulades gyda dau was, un ohonyn nhw'n cario wrn claddedigaeth. Dywed Orestes wrth Electra—er na ŵyr hi mai Orestes ydyw—eu bod yn dwyn llwch Orestes ar gyfer ei gladdu. Mae hi am gael yr wrn i'w ddal yn ei dwylo, ac mae hi'n galaru'n dyner ar ôl ei brawd a oedd mor annwyl iddi. Caiff Orestes hi'n anodd ymatal, ac yn raddol mae'n peri i Electra gael gwybod nad llwch Orestes sydd yn y potyn, ond fod Orestes yno'n sefyll yn fyw o'i blaen. Yn sydyn mae Electra yn ffrwydro gan lawenydd. Does dim perygl, er hynny, i'w mam weld y gwahaniaeth ynddi, oherwydd, ys dywed hi:

> 'does dim rhaid iti ofni
> y gwêl hi fy wyneb yn olau gan wenau:
> mae fy hen gasineb wedi suddo'n rhy ddwfn yno' i.

(1309-10)

Daw'r hen hyfforddwr o'r tŷ a'u ceryddu am wastraffu amser. Pan yw Electra yn sylweddoli pwy ydyw mae hi'n torri allan mewn llawenydd drachefn. Dan ei gyfarwyddyd fe aiff Orestes a Pulades i mewn i'r plas, ac wedi offrymu gweddi wrth y porth mae Electra yn eu dilyn. Myfyria'r Côr ar y weithred sydd ar fin digwydd. Daw Electra allan a dweud fod Clutaimnestra yn tecáu'r wrn ar gyfer y claddu. Yn sydyn clywir hi'n gweiddi am Aigisthos ac yn galw ar Orestes i dosturio wrthi. Clyw Electra hi o'r tu allan, ac mae'n gweiddi'n ôl:

'Doedd genti ddim tosturi ato fe,
nac at y tad genhedlodd e. (1411)

Mae'r lleiddiaid yn dod allan o'r tŷ, a chlywir y Côr yn datgan:

Dyma nhw yma nawr,
a llun eu llaw'n goch gan y gwaed
o'u haberth llafar i Ares.—
Ni fynnaf i fy hun feio. (1422-23)

Mae Aigisthos yn y golwg. Daw'n llawen, oherwydd y mae newydd glywed fod Orestes wedi ei ladd mewn ymryson siaredau. Cred fod y corff wedi ei ddwyn yn ôl, ac mae'n awyddus i'w weld. Agorir y drysau a gwelir corff dan orchudd ar elor ac Orestes a Pulades yn sefyll yn ymyl. Cwyd Aigisthos y gorchudd oddi ar wyneb y corff gan ddisgwyl gweld wyneb Orestes. Yn lle hynny ei wraig farw sy'n gorwedd yno. Mae'n sylweddoli fod barn gwae ar ddisgyn arno ef, ac fe aiff gydag Orestes a Pulades o'r golwg tu fewn i'r plas a dweud wrth fynd:

A raid i'r tŷ yma weld
holl waeau llinach Pelops
y dydd hwn a rhyw ddydd a ddaw? (1497-98)

Yna ceir diweddglo gan y Côr, yn datgan fod llinach Pelops bellach wedi ei rhyddhau oddi wrth wae ac wedi gweld "hen boenau'n dibennu."

CYNLLUN Y DDRAMA

Mae'r chwarae'n ddi-dor, yn batrwm o rannau dialog a rhannau corawl. Cyfeiria'r rhifau at linellau yn y testun Groeg o'r ddrama.

1. PROLOGOS (Y PROLOG) 1-85

    Mae'r hyfforddwr (y *paidagogos*) yn tynnu sylw at yr olygfa, ac yna Orestes yn egluro'r cynllun i ladd Clutaimnestra ac Aigisthos.

2. MELOS APO SCENES 86-120

    Cân gorawl delynegol.
        Daw Electra allan o'r plas yn achwyn ei gofidiau.

3. PARODOS (DYFODIAD Y CÔR) 121-250

    Mae'r Côr yn cydymdeimlo ag Electra yn ei gofid a'i thristwch.

4. YR EPEISODION CYNTAF (Y DIALOG CYNTAF) 251-471

    Pan yw Electra yn adrodd ei chŵyn wrth y Côr, daw ei chwaer Chrusothemis allan o'r plas yn dwyn offrymau i'w gosod ar feddrod Agamemnon. Anfonwyd hi i wneud hyn gan ei mam Clutaimnestra a oedd wedi ei dychryn y noson flaenorol gan freuddwyd. Yn y breuddwyd fe ymddangosodd Agamemnon a theyrnwialen Aigisthos yn ei law—ei hen deyrnwialen ef. Plannodd y deyrnwialen wrth allor yr aelwyd, a brigodd ohoni gangen ddeiliog a gysgodai dros holl dir Micenai. Mae Electra yn annog Chrusothemis i luchio'r offrymau ymaith.

5. Y STASIMON CYNTAF (Y CORAWD CYNTAF) 472-515

    Mae'r breuddwyd a gafodd Clutaimnestra yn peri i'r Côr obeithio y gwelir gweithredu cyfiawnder.

    (i) Y STROFFE: 472-488

        Wedi clywed y breuddwyd mae'r Côr yn credu fod y fwyell a laddodd Agamemnon yn sychedu am waed yn ddial am ei lofruddio.

(ii) Yr Antistroffe: 489-503

Cred y Côr hefyd y daw'r Deraon (yr *Erinuës*)—pwerau dial i
gosbi'r llofruddion, dod megis anifail o'i wâl enbyd. Daw
dial yn ôl fel y rhagfynegwyd yn y breuddwyd a gawsai
Clutaimnestra.

(iii) Epōdos: 504-515

Pennill telynegol yn null cwpledau.

Mae'r Côr yn dwyn i gof y siaredwr Murtilos.
Llwgrwobrwywyd ef gan Pelops i ymyrryd mewn ras siaredau,
a lladdodd Pelops ef wedyn trwy ei luchio i'r môr. Dyma
gychwyn y gwaeau a oedd wedi poeni tŷ Pelops drwy'r
cenedlaethau.

6. YR AIL EPEISODION (YR AIL DDIALOG) 516-1057

Golygfa hir: 516-822

(i) Daw Clutaimnestra allan o'r plas a mynd at allor Apolon
sydd o'i flaen. Mae'n cario offrymau o ffrwythau. Mae
llawforwyn gyda hi. Gwêl Electra ac y mae'n troi arni.
Amddiffynna Electra hi ei hun ar ôl cerydd ei mam.

(ii) Commos (Comos) 823-870

Dialog telynegol rhwng Electra a'r Côr. Mae'r Côr yn ceisio
ei chysuro yn ei galar a'i thristwch. Mae hi'n siarad â'r Côr
fel pe bai'n unigolyn, fel uned gorfforus.

(iii) Parhad Yr Ail Epeisodion 871-1057

Daw Chrusothemis i'r golwg yn gyffrous wedi bod wrth
feddrod Agamemnon. Gwelodd offrymau yno a wnaeth iddi
gredu fod Orestes wedi dod yn ôl i Micenai. Mae Electra yn
ei darbwyllo na allai hynny fod yn wir am fod Orestes wedi
marw. Mae'n pwyso arni i ymuno â hi i weithredu dial ar
Aigisthos am mai nhw ill dwy yn unig a all gyflawni hynny
bellach. Gwrthod a wna Chrusothemis, ac mae'r ddwy yn
ymwahanu mewn ysbryd drwg.

7. YR AIL STASIMON (YR AIL GORAWD) 1058-1097

Mae'r Côr yn gofidio o achos y gwrthdaro rhwng y ddwy
chwaer. Mae Electra yn aros ar y llwyfan drwy ystod y corawd.
Peth annaturiol ym meddwl y Côr yw'r gwrthdaro. Hyd yn oed
ymhlith adar ceir hoffter yn beth naturiol. Mae Electra fel "eos
a'i hiraeth yn anghysurol." (1076) Canmola'r Côr Electra am ei
ffyddlondeb cyson.

8. Y TRYDYDD EPEISODION (Y TRYDYDD DIALOG) 1098-1383

(i) Daw Orestes yn dwyn yr wrn sydd, yn ôl yr argraff a roddir,
yn dal ei lwch ef ei hun.

(ii) MELOS APO SCENES 1232-1287

Cân gorawl delynegol.

Dialog rhwng Electra ac Orestes. Mae Electra ar i fyny
gan lawenydd wedi i Orestes ei ddangos ei hun iddi'n fyw.

Ar ddiwedd y darn mae Electra yn troi at y Côr ac yn
datgan:

Gyfeillion, dyma lais
nad oeddwn i'n gobeithio ei glywed byth eto. (1281)

(iii) PARHAD Y TRYDYDD EPEISODION 1288-1383

Gweddill y dialog rhwng Electra ac Orestes. Yna daw'r
hyfforddwr allan o'r tŷ yn dweud nad oes amser i'w golli, os
ydyn nhw i fynd ymlaen â'r dasg o weithredu dial ar
Clutaimnestra.

9. Y TRYDYDD STASIMON (Y TRYDYDD CORAWD) 1384-1397

Mae'r Côr yn myfyrio ar y weithred o ddial sydd ar fin digwydd.

10. YR EXODOS 1398-1510

(i) Lleddir Clutaimnestra ac Aigisthos.

Daw Electra allan o'r plas. Clywir gwaeddau Clutaimnestra, a daw Orestes a Pulades i'r golwg, a dywed Orestes fod y dasg wedi ei chyflawni. Dychwelant i'r plas, tra bydd Electra yn aros y tu allan i ddisgwyl Aigisthos. Daw Aigisthos a mynd tua'r plas i weld y corff y mae ef yn tybio mai corff Orestes ydyw. Fe wêl yn hytrach mae corff ei wraig yw, a sylweddola fod barn arno ef ei hun yn ymyl.

Defnyddid *Eccuclema*—peiriant theatr i ddwyn y corff dan orchudd ymlaen i'r llwyfan. Saif Orestes a Pulades ar bwys y corff. Arweinir Aigisthos i mewn i'w ladd yn yr union fan lle y lladdwyd Agamemnon.

(ii) DIWEDD YR EXODOS 1508-1510

Diweddglo'r ddrama, lle y mae'r Côr yn datgan fod rhyddid wedi dod i deulu Atréws yn Micenai oddi wrth felltith a gwae ei linach. Ennill y rhyddid hwn yw thema'r trasiedi.

SOFFOCLES

ELECTRA

Cymeriadau'r Ddrama:

ORESTES, mab Agamemnon, brenin diweddar Micenai a gŵr
Clutaimnestra.

ELECTRA, merch Agamemnon a Clutaimnestra.

CHRUSOTHEMIS, chwaer Electra.

CLUTAIMNESTRA, Brenhines Micenai.

AIGISTHOS, cefnder Agamemnon. Bu unwaith yn gariadfab
Clutaimnestra. Ail ŵr y frenhines a thywysog cydweddog
bellach yn Micenai.

PULADES, mab Stroffios, brenin Phocis a chyfaill Orestes. (Nid
oes iddo unrhyw ran siarad yn y ddrama.)

CÔR: Gwragedd bonheddig Micenai.

LLAWFORWYN i Clutaimnestra.

DAU WAS yn gweini ar Orestes.

GOLYGFA: O flaen plas Agamemnon sydd ar godiad
tir uwchlaw gwastadedd yn Micenai.

Y tebyg yw fod tri actor Soffocles yn chwarae'r rhannau
canlynol:

Protagonydd: Electra.

Dewteragonydd: Orestes a Clutaimnestra.

Tritagonydd: Hyfforddwr, Chrusothemis ac Aigisthos.

GOLYGFA:

*(Yng nghyffiniau'r plas brenhinol yn Micenai, uwchlaw
gwastadedd yn Argolis yn neau gwlad Groeg, —plas y cyn-frenin
Agamemnon. Y brenin yno adeg y ddrama yw Aigisthos, ail ŵr
Clutaimnestra a fu'n briod ag Agamemnon.
Daw hyfforddwr Orestes gydag Orestes a'i gyfaill Pulades. Maen
nhw wedi dod o Phocis i Micenai.)*

HYFFORDDWR:

Tydi, i Agamemnon, y cadlywydd gynt yng Nghaerdroia,
yn fab, rwyt ti bellach yn cael gweld o'th flaen
yr olygfa y rhoist ti dy galon ar ei gweld
ers cryn amser.
   Dyma Argos, hen ardal dy hiraeth, o'n cwmpas,
a gallt Io, merch Inachos,   5
a fu dan dorment robin-y-gyrrwr,
ac, Orestes, dyna iti farchnadfa Luceios,
wedi ei henwi ar ôl Apolon dduw,
lladdwr y blaidd, yn ôl y goel,
a dyna ar y chwith deml enwog Hera.
   Rydym yn Micenai, cyfoethog o aur,
a hwn yw plas teulu Pelops,   10
llety perchentyaeth llofruddiaethau.
   O'r fan yma, flynyddoedd yn ôl,
yr es i â thi o ymyl corff gwaedlyd dy dad,
ar ôl dy gipio gan ddwylo parod dy chwaer;
ac wedi dy achub, mi ddaru imi dy faethu,
nes iti dyfu'n ddigon hen
i dalu'r pwyth am lofruddiaeth dy dad.
   Ond nawr, Orestes, a thithau Pulades,   15
yr anwylaf o gyfeillion,
daeth yn amser inni osod ein cynlluniau ar waith
yn ddiymdroi.
Eisoes mae llewych llachar yr haul
ar doriad gwawr yn deffro caniad gloyw yr adar inni,

ac mae nos ddu a'i sêr wedi cilio.
Felly rhaid inni gael pethau'n glir
rhyngon ni a'n gilydd
cyn i neb godi allan o'i dŷ.   20
Mae'n bryd inni weithredu—
'Does dim amser i betruso bellach.

ORESTES:

Y cydymaith anwylaf,
mae profion o'th ffyddlondeb yn gwbl amlwg,
oherwydd, fel ceffyl o dras uchel,   25
nad yw'n diffygio, er ei fod yn hen,
pan fydd dyn mewn lle cyfyng,
felly rwyt ti'n ein hannog ymlaen,
ac yn dilyn hefyd gyda'r cynta.
Dyna ddigon o reswm dros egluro fy nghynlluniau.
Craffa ar fy ngeiriau,   30
ac os digwydd imi fethu ar ryw bwynt, cywira fi.
Oblegid pan es i ymgynghori ag oracl Puthia yn Delffi
i wybod pa fodd i ddial ar lofruddion fy nhad,
atebodd Apolon mewn oracl i'r perwyl   35
(fel y deelli ar unwaith)
y dylwn i, heb ddarpariaeth byddin arfog,
weithio fy hun trwy gyfrwystra
gosb gyfiawn marwolaeth.
Dyna oedd ateb yr oracl.
    Ymlaen â thi, felly, a phan ddaw cyfle
iti fynd i mewn i'r plas,
sylwa i gael gwybod beth sy'n digwydd yno,   40
ac yna tyrd ag adroddiad cywir i mi.
'Nabyddan nhw mohonot ti wedi'r holl amser yma.
'Fydd neb yn dy amau, gelli fentro,
a thithau'n hen ŵr ym mlodau dy benwynni.
    Gweithia ryw lun o stori—
mai dieithryn wyt o Phocis
wedi dy anfon yma gan Phanotews,   45
oherwydd mae e'n gynghreiriad cadarn iddyn nhw.

2

Dywed, ac ategu hynny â llw,
fod Orestes wedi marw mewn damwain angheuol,
trwy ei luchio oddi ar ei siared ar ei chwyrliadau
yn y chwaraeon yn Delffi—
stori i'r diben hwnnw.   50

   Yn y cyfamser fe awn ni, Pulades a minnau,
ar orchymyn y duw, at feddrod fy nhad
â diod-offrymau a chudyn gwallt newydd ei dorri.
Yna fe ddown yn ein holau,
yn dwyn yn ein dwylo yr wrn o efydd
a guddiwyd gennym, fel y gwyddost, yn y llwyni,   55
a'u twyllo â'r stori gysurus fydd gennym
fod fy nghorff wedi ei roi i'r fflamau,
a'i losgi'n ulw.

   Pa boen yw honni bod yn farw,
os yw hynny'n golygu bywyd a chlod i mi?   60
Rwy'n tybio nad yw'r un gair yn ddrwg
sydd er budd,
oherwydd fe glywais sôn yn fynych cyn hyn
am ddynion ac enw iddyn nhw am ddoethineb
yn taenu stori am eu marwolaeth,
ac yna gyda dod nôl adre
yn cael croeso a mwy byth o anrhydedd.
Felly rwy'n hyderu y bydda i trwy'r stori hon   65
yn codi'n seren lachar i synnu fy ngelynion.
Ond derbynier fi gan wlad ein tadau
a'n duwiau breiniol,
a llwyddo'r daith y cychwynnais arni.

   A thithau, blas fy nhadau,
er dy fwyn di y deuthum,
wedi fy annog gan y duwiau,
i garthu'n gyfiawn y staen sydd arnat.   70
Paid â'm hanfon i ymaith eto'n alltud dianrhydedd,
ond adfer imi ei gyfoeth hynafol,
a gad imi ail-sefydlu ei neuaddau.

   Ond, bellach, dyma ddigon o siarad.

Mae'n bryd, hen gyfaill, iti fynd o gwmpas dy bethau,
ac fe awn ninnau'r ddau ohonom i achub ein cyfle,
oherwydd ym mywyd dynion   75
amser yw goruchwyliwr gorau pob gwaith.
(*Clywir cwynfanau Electra y tu cefn i ddrysau'r plas. Gyda'r
wawr yw hi, ac mae Electra yn dwyn ei chŵyn i olau dydd.*)

ELECTRA:

Och fi! Druan ohono i!

HYFFORDDWR:

Gwrando, fy mab.
Tybiais imi glywed llais o'r tu cefn i'r drysau:
morwyn, hwyrach, mewn helbul.

ORESTES:

Tybed ai Electra druan sydd yno? Gawn ni aros   80
a gwrando ar ei chwynfanau?

HYFFORDDWR:

Na, na. O leia nid cyn inni ymdrechu i gyflawni
gorchymyn Apolon. Cychwyn o'r fan honno—
gyda thywallt diod-offrwm i'th dad.
Hynny ddaw â llwyddiant inni
ac ennill ym mhob peth a wnawn.   85

MELOS APO SCENES (*CÂN GORAWL DELYNEGOL*)
86-120
(*Fe â'r tri ymaith, Orestes a Pulades ar un ochr, a'r hyfforddwr ar
yr ochr arall. Daw Electra allan o'r plas yn achwyn ei chŵyn.*)

ELECTRA:

O oleuni pur,
ac awyr yn rhannu'n gyfartal â daear,
faint fy ngriddfanau!
Faint a welaist o daro bronnau, nes eu bod yn gwaedu   90
erbyn y byddai nos dywyll yn troi'n ddydd.
Ffieidd-dra gwylnosau di-gwsg
y bydd fy ngwely yn ei weld yn y neuaddau hyn:
mor ddwys fy ngalarnadau ar ôl fy nhad
na fu farw mewn gwlad dramor   95

ar alwad Ares, y duw rhyfel,
ond ei ladd yma:
gan fy mam a'i chywely Aigisthos
yn hollti ei ben â bwyell,
yn waedlyd,
fel coedwigwr yn cwympo derwen.
A 'does neb arall ond fi'n unig   100
o'r tŷ hwn, nhad, sy'n galaru
ar ôl dy gwymp truenus.
Ond eto'n wir, cyhyd ag y gwelaf
oleuni'r haul a phefriadau cysawdau'r sêr   105
atalia i byth fy ngalar, fy wylofain chwerw,
ond fel eos gollodd ei chywion y bydd fy nghŵyn,
ac yr atseinia fy wylofain
wrth ddrws tŷ fy nhad yng nghlyw'r byd.
    Chwi, neuaddau Haides a Perseffone,   110
Hermes, tywysydd y meirw, Digofaint,
a'r Deraon ofnadwy—plant y duwiau
sy'n gweld y sawl a leddir yn anghyfiawn,
a'r rheini y treisir eu gwely priodas,
dewch, cynorthwywch fi
i ddial llofruddiaeth fy nhad.   115
Danfonwch fy mrawd yn ôl i mi,
oherwydd ar fy mhen fy hun 'alla i ddim
dal y fantol mwyach yn wastad
gan orbwysau fy nhrallod.   120

DYFODIAD Y CÔR (Y PARODOS) 121-250
(*Daw Côr o wragedd Micenai, cyfeillion Electra sy'n hŷn na hi,
ac yn cydymdeimlo â hi.*)

Y CÔR:
    O blentyn! Electra, plentyn i fam o'r truenusaf,
    pam rwyt ti'n dal i ddihoeni yma
    gan ofid·anniwall?
    Y galar am Agamemnon dy dad   125

5

a rwydwyd gynt gan drais annuwiol dy fam,
a'i fradychu gan law ysgeler.
Os iawn yw imi lefaru fel yma,
y sawl a wnaeth hyn, distrywier nhw.

ELECTRA:

O wragedd bonheddig,
fe ddaethoch i liniaru fy nhrallod.   130
Mi wn, rwy'n deall beth sy'n eich cymell;
ond 'fynna i ddim ymatal o gwbl
rhag galaru am fy nhad druan.
Rydych mor barod ym mhob modd
i dalu'n ôl am bob cymwynas,
eto rhowch lonydd imi yn fy nhrallod.   135
Och fi! Mynnaf wylo.

CÔR:

Ond 'elli di ddim o lannau merllyn Haides—
sy'n derbyn pawb yn ddiwahaniaeth—
ei godi, dy dad, ag wylofain a gweddïau byth.
Mae trallod anghymedrol a diymadferth   140
bob amser yn gwanychu dyn hyd at ei ddifa.
'Dyw dagrau ddim yn waredigaeth oddi wrth helbulon.
A oes rhaid iti ddal i fagu gofidiau?

ELECTRA:

Plentyn dideimlad a fyddai'n anghofio   145
marwolaeth druenus tad.
I mi mae cŵyn calon yr eos yn beth annwyl,—
aderyn gofid, cennad Zews,
yn crïo Itus! Itus! o'r hwyr tan y wawr.
Ha, Niobe! Dygn yw dy ddioddefaint dithau,   150
ac i mi ti yw fy nuwies.
Rwyt ti mewn beddrod yn y graig
yn aros am byth yn dy ddagrau.

CÔR:

Nid ti yw'r unig un mewn gwirionedd, blentyn,
sy'n gwybod beth yw'r tristwch
sy'n gymaint o boen i eraill ag i tithau.   155

6

Dyna dy berthnasau dy hun,
Chrusothemis lawen ac Iffianasa.
Mae bywyd yn dal yn beth gwerthfawr iddyn nhw.
Dy frawd wedyn
a'i ieuenctid wedi ei guddio rhag gofidiau,
bydd yntau'n disgwyl dedwyddwch   160
pan fydd Zews yn ei ddwyn, mab i dad nobl,
ei ddwyn yn ôl,
a Micenai hyglod yn ei groesawu,
y mab Orestes.

ELECTRA:
    Ie, fe yw'r un rwy'n dal i'w ddisgwyl o hyd,
    yn ddiflino lle bynnag yr a' i,   165
    minnau'n ddibriod, yn ddi-blant, yn druenus,
    yn egrwch dagrau
    dan faich o wae diddiwedd.
    Popeth a ddioddefodd e,
    popeth glywodd e amdanon ni,
    maen nhw'n angof ganddo.
    Aiff fy negeseuau allan ato,
    ond siom yw'r canlyniad.   170
    Mae'n hiraethu o hyd am ddychwelyd,
    heb fod yn dda ganddo ddod.

CÔR:
    Da di, cod dy galon, 'mhlentyn i, ie.
    Mawr o hyd yw Zews yn y nef.
    Mae'n gweld pob peth, ac yn eu rheoli.   175
    Ymddiried iddo fe'r digofaint sy'n dy boeni di.
    Paid ag anghofio dy elynion,
    a phaid chwaith â'u casáu nhw i ormodedd.
    Mae amser yn rhwyddhau pethau.
    'Fydd e, mab Agamemnon,
    sy'n aros yng ngwastadeddau Crisa,   180
    'fydd e ddim yn dal i gadw draw,

nac ychwaith y duw* sy'n arglwydd wrth Acheron.

ELECTRA:

Ond i mi yn wir, ofer fu'r rhan orau o'm hoes,   185
yn disgwyl heb obaith, heb nerth i ymgynnal,
yn nychu, heb blant,
na gofal gŵr yn gymorth,
yn gweini yn ystafelloedd fy nhad,   190
fel pe bawn yn ddieithryn di-fudd,
fy ngwisg yn fratiau,
heb le wrth y byrddau gyda chiniawyr,
yn aros iddyn nhw orffen bwyta.

CÔR:

Bu cri'n drueni ar ei ddychweliad adre,
cri trueni yn siamberi ei dadau,
pan drawodd y fwyell efydd ef.   195
Dichell fu'n gynllwyn, chwant yn llofrudd—
rhieni erchyll yr epiliad erchyll hwn,
p'un ai duw ai ynte meidrolion
barodd y gwae.   200

ELECTRA:

Dyna'r diwrnod chwerwaf oll
a ddaeth i'm rhan i:
y noswaith honno,
gwae'r wledd ffiaidd honno
a brofodd fy nhad: 205
y farwolaeth anweddus trwy ddwylo'r pâr
laddodd e,
dwylo a dreisiodd fy mywyd a'i fradychu.
Lluniaid duw mawr Olumpos foddion dioddefaint
—cosb dioddefaint ar eu cyfer.   210
Na foed mwyniant i rwysg
wedi cyflawni'r fath weithredoedd.

---

*Cyfeiriad, nid at Haides, ond at Agamemnon y tybir ei fod yn
dal yn fyw ac yn llywodraethu o dan y ddaear wrth Acheron.

CÔR:

Paid â dal ati ymhellach.
'Dwyt ti ddim am atal dy feddyliau
rhag dy ddwyn mor anweddus i drueni?— 215
Yn pentyrru cynhennau o hyd
yn nhymer cuchio.
Gwaedded y gwan yw hi
ochor yn ochor â'r cryf. 220

ELECTRA:

Chwerwder, chwerwder sydd â'i orfodaeth arna i.
Mi wn i hynny'n iawn.
Nid fy nhueddfryd yw ceisio osgoi sylw.
Na, atalia i ddim y nwydau hyn
cyhyd ag y bo bywyd yn cadw yno' i. 225
    Chwiorydd annwyl, pa ddiben clywed geiriau cysur.
Gadewch lonydd imi,
oherwydd 'does dim dihangfa rhag y pethau hyn.
'Dydw i'n cael yr un seibiant oddi wrth fy mlinderau.
Mae'r gwaeau sydd yma'n ddirwymedi. 230

CÔR:

Ond eto rwy'n dweud wrthyt yn garedig,
fel pe bawn yn fam ffyddlon,
paid â dwyn gwae arnat dy hun am ben gwaeau. 235

ELECTRA:

Pa fodd, tybed, y gellir mesur y drygau sydd ohoni?
Pa fodd y byddai'n deg i ollwng y marw dros gof?
Ym mha rywogaeth o ddynion y megir y fath syniad?
'Fynnwn i ddim fy anrhydeddu yn eu plith nhw,
a phe bawn yn ymddiried yn yr hyn sy'n fuddiol, 240
'fyddwn i ddim yn byw'n ddi-ofn o nhad,
a byddai adenydd fy ngalarnadau dygn
yn fyr o anrhydedd.
Oherwydd os yw'r marw trist yn ddim ond llwch,
lle gorwedda, 245
heb fod tywallt gwaed
yn daledigaeth am dywallt gwaed,

9

yna mae cywilydd yn ddi-gownt,
heb fod parch at ddeddf ymhlith meidrolion   250
yn cyfrif dim.

Y DIALOG CYNTAF (YR EPEISODION CYNTAF) 251-471
  (*Dialog rhwng y Côr ac Electra. Yna daw Chrusothemis, chwaer
  Electra. Mae'r Côr, Electra a Chrusothemis yn cynnal y dialog
  wedyn.*)

CÔR:

Mi ddes yma, fy merch i, er dy les di
lawn cymaint ag er fy mwyn i fy hun.
Ond, os nad yw 'ngeiriau i o fudd iti,
yna fel y mynni di am hynny;
fe'th ddilynwn di sut bynnag.

ELECTRA:

Mae'n gywilydd genni, wragedd, os wy'n ymddangos
mor gwynfanus ac yn rhy ddiamynedd,   255
ond mae 'mywyd yn fy ngorfodi i wneud hyn,
a rhaid ichi gydymddwyn â mi,
oherwydd sut y gallai unrhyw ferch o fonedd
sy'n gweld y drygau yn nhŷ ei thad
lai nag achwyn ei chŵyn,
a minnau ddydd a nos, byth a hefyd,
yn gweld cynnydd yn hytrach na lleihad mewn gofidiau? 260
I mi mae cariad cyntaf mam
wedi esgor erbyn hyn ar gasineb.
Ie, yn fy nghartre fy hun
rwy'n cydfod â llofruddion fy nhad,
ac mae'r hyn a gaf, a'r hyn nad wy'n ei gael,   265
y naill a'r llall, yn dibynnu arnyn nhw.
   Ystyriwch wedyn fy mywyd o ddydd i ddydd,
yn gweld Aigisthos yn torsythu ar orseddfainc nhad,
a syllu arno wedyn yn y gwisgoedd a wisgai nhad,
yn tywallt yr un diod-offrymau ar yr aelwyd   270
lle y lladdodd e, ac i goroni'r haerllugrwydd i gyd,
gweld y llofrudd yn troi am wely nhad

10

gyda fy mam resynus, os yw'n briodol ei galw fy mam,—
ei feistres e'n hytrach,
hithau'n rhyfygus yn byw megis gydag un   275
sy'n halogedig, heb ofni unrhyw ddialedd;
a mwy na hynny, fel pe bai'n ymfalchïo
yn yr hyn wnaeth hi.
Bydd yn nodi'r dydd hwnnw
y lladdodd fy nhad trwy ddichell,
ac yn ei ddathlu bob mis â chôr dawns   280
ac ag aberth defaid i'r duwiau gwarcheidiol.
Minnau yn fy adfyd gartref
yn wylo ac yn dihoeni wrth orfod gweld hyn,
yn tristáu o achos y wledd ysgeler gedwir yn enw fy nhad
a chan gymaint yn wir   285
y bydd gwadu hyd yn oed rhyddhad wylo.
    Bydd y wraig hon sy'n siarad mor hunangyfiawn
yn para i nwrdio'n enbyd:
"Ferch annaturiol atgas," yw ei gair amdana i,
"ai ti'n unig sydd â thad sydd wedi marw?
A oes neb arall o bobl y byd mewn galar?   290
I ddistryw â thi! Peidien nhw, dduwiau'r Isfyd,
â dy waredu byth o'r wylofain sy'n dy boeni di."
Felly y mae'n difrïo, ond pan glyw hi sôn
fod Orestes ar ei ffordd yma,
y pryd hynny bydd hi'n gynddeiriog,
a bydd hi'n taflu ar draws fy nannedd: 295
"Dy waith di yw hyn. Onid dy waith di
oedd dwyn Orestes o 'mreichiau i,
a'i anfon ymaith yn ddiogel.
Fe gei di dy haeddiant am hyn, gelli fentro."
Felly y mae hi'n cyfarth, ac fe fydd ei chymar,
ei phriod clodwiw, yn ymyl i'w hannog hi ymlaen,   300
y llwfrgi hwnnw, yr hwlcyn brwnt ag yw e,
sy'n ymladd ei frwydrau dan gysgod adenydd ei wraig.
    A dyma fi'n dal i ddisgwyl i Orestes ddod
i roi pen ar fy ngwae,

11

a minnau'n dihoeni gan drueni.
Trwy oedi ac oedi, heb wneud dim,   305
mae e wedi difetha'n llwyr bob gobaith feddwn i.
Felly, gyfeillion, 'does dim lle genni i amynedd
na dyletswyddau chwaith.
A chymaint o ddrygau o 'nghwmpas,
mwya'r rhaid i minnau ymarfer â drygau.

CÔR:
Aros, dywed a yw Aigisthos gerllaw ai peidio?   310
A thithau'n siarad fel hyn,
a yw e oddi cartre?

ELECTRA:
Oddi cartre, mae'n siŵr.
Pe bai yn ymyl, a ydych yn tybio
y buaswn i'n mentro allan?
Mae'n digwydd bod allan yn y wlad heddiw.

CÔR:
A ga i felly siarad â thi'n fwy rhydd,
os dyna fel y mae hi?   315

ELECTRA:
Cei, gan ei fod e i ffwrdd.
Beth rwyt ti am ei wybod?

CÔR:
Yn wir, mi garwn ofyn iti sôn am dy frawd.
Ai ar ei ffordd yma, ai oedi dod y mae e?
Mi garwn wybod.

ELECTRA:
Wel, mae'n dweud ei fod yn dod,
ond 'dyw e ddim yn gwneud yr hyn y mae e'n ddweud.

CÔR:
Mae dyn yn tueddu i betruso   320
pan fydd tasg anodd o'i flaen e.

ELECTRA:
'Phetrusais i ddim pan achubais i ei fywyd e.

CÔR:
Cod dy galon. Mae e'n ffyddlon,

a 'dyw e ddim yn debyg o ollwng ei gyfeillion dros gof.

ELECTRA:

Rwyf i'n credu hynny,
onid e 'fuaswn i ddim wedi aros cyhyd yn fyw.

CÔR:

Paid â dweud rhagor nawr.—
Rwy'n gweld dy chwaer,
wedi ei geni o'r un tad a'r un fam â thi,
yn dod o'r tŷ.   325
Mae'n dwyn offrymau yn ei dwylo,
yn ôl arfer a defod, i'r rhai sy'n gorwedd isod.

(*Daw Chrusothemis o'r plas yn cario offrymau i'r marw.*)

CHRUSOTHEMIS:

Fy chwaer, pam rwyt ti'n dod unwaith eto
i borth y llys i draethu fel hyn?
On'd wyt wedi'r holl amser yma wedi dysgu   330
dwyn rheolaeth ar dy ddicter ofer,
ac nid gwneud sbloet gwag ohono.
Mi wn innau gystal â thi mor boenus
yw ein sefyllfa,
a phe bai genni'r nerth
fe'i gwnawn yn eglur
sut rwy'n synio am ein llywodraethwyr ni.
Ond yn y drygedd sydd ohoni,
ildio i'r lli sydd orau, rwy'n barnu,   335
ac nid bytheirio,
heb allu gwneud dim yn ei gylch.
Eto dy farn di sy'n iawn,
ac nid beth rwy i'n ei ddweud.
Ond os wyf i i ddiogelu fy rhyddid,
rhaid gwrando ar ein rheolwyr ym mhob dim.   340

ELECTRA:

Cywilydd arnat ti,
a thithau wedi dy eni'n ferch i'n tad,
yn ei anghofio fe ac yn cymryd ochor dy fam.

13

Dy holl rybuddion yma,—
i mi gwersi ganddi hi ydyn nhw;
nid ti dy hun luniodd nhw.
Dewis dy ochor, felly, naill ai trwy fod yn annoeth,   345
ai ynte bod yn ddoeth trwy ollwng cyfeillion dros gof.
''Pe bai genni'r nerth,'' meddet ti,
''fe ddangoswn i'n union
faint fy nghasineb atyn nhw.''
Eto, a phob gewyn sy genni ar waith i geisio
dial cam fy nhad,
'dwyt ti ddim yn barod i 'nghynorthwyo,
ond yn hytrach yn fy nghymell i beidio â gwneud dim. 350
A ychwanegwn ni lwfrdra at ein holl ddrygau?
Dysg i mi, neu ynte, dysg gen i,
pa ennill sydd i mi
trwy ddiarddel fy achwynion.
Onid oes genni fy mywyd, bywyd blin, mae'n wir,
ond mae'n ddigon i mi,   355
a hefyd i'r rheini rwy'n boen iddyn nhw,
ac felly trwy eu poeni yn anrhydeddu'r marw,
os yw llawenydd yn gallu cyrraedd i blith y meirw.
    Dy gasineb.—Rwyt ti'n casáu ar air yn unig;
o ran gweithredoedd
rwyt ti'n bartner i lofruddion fy nhad.
'Ildiwn i ddim byth iddyn nhw,
nid hyd yn oed pe cynigien imi'r manteision
rwyt ti'n ymfalchïo ynddyn nhw.
Na, 'fuaswn i ddim yn ildio iddyn nhw—   360
y bwrdd moethus, dy fywyd o esmwythyd.
Digon i mi yw'r cysur o fod heb boen cydwybod.
'Dydw i ddim yn chwennych dy safle breiniol di,
a 'fyddet tithau ddim chwaith, pe baet ti'n ddoeth.
Gallet ti fod wedi dy alw'n ferch i'r tad gorau a fu. 365
Ond galw di dy hun yn ferch dy fam,
a bydd pawb yn gwybod o ba radd y mae dy wreiddyn,—
bradwr dy dad marw a'th dylwyth dy hun.

14

CÔR:
Er mwyn Duw, peidiwch ag ymffyrnigo.
Gall trafod y peth yma
fod yn fantais i'r ddwy ohonoch,
os byddi di'n barod i ddysgu ganddi hi,   370
a hithau yn ei thro gennyt ti.

CHRUSOTHEMIS:
Wragedd, rwy'n gyfarwydd â'i hwyliau drwg hi.
'Fyddwn i ddim wedi codi'r mater o gwbl,
oni bai imi glywed am y drwg anaele
ddaw ar ei gwartha,
a fydd yn rhoi pen ar ei chwynfanau hir.   375

ELECTRA:
Pa ddrwg, dywed? Os gelli sôn am rywbeth gwaeth
na'r hyn rwy'n ei ddioddef nawr,
yna 'ddyweda i ddim rhagor.

CHRUSOTHEMIS:
Fe wnaf. Dywedaf wrthyt y cyfan a wn.
Os na roi di'r gorau i'r wylofain yma,
eu bwriad nhw yw dy anfon oddi yma,
lle na welir goleuni'r haul byth,   380
i fyw'n alltud mewn dwnsiwn tywyll,
lle gelli ganu dy emynau gwae.
Felly ystyria, a phaid â fy meio i
pan fydd yn rhy hwyr, a thithau'n dioddef.
Bydd yn gall nawr tra bo genti'r cyfle.

ELECTRA:
Ydyn nhw wedi penderfynu gwneud hyn ynte?   385

CHRUSOTHEMIS:
Cyn gynted ag y daw Aigisthos adre.

ELECTRA:
O'm rhan i, gorau po gynta y daw e, felly.

CHRUSOTHEMIS:
Ferch ynfyd! Beth wyt ti'n ei olygu?

ELECTRA:
Deued yn union, os dyna mae'n bwriadu ei wneud.

CHRUSOTHEMIS:
  Beth? Er mwyn iti ddioddef?   390
  A wyt ti wedi colli arnat dy hun?

ELECTRA:
  Ie, er mwyn ffoi mor bell ag y gellir
  o'ch golwg chi i gyd.

CHRUSOTHEMIS:
  'Does genti ddim gofal am y bywyd
  sydd yn dy afael?

ELECTRA:
  O mae fy mywyd presennol yn hyfryd i'w ryfeddu.

CHRUSOTHEMIS:
  Fe allasai fod felly,
  pe buasit ti wedi dewis yn wahanol.

ELECTRA:
  Hynny yw, pe bawn i'n bradychu fy ngharedigion.   395

CHRUSOTHEMIS:
  Dim o'r fath beth.
  Ildio i'r cryf yw hi gen i.

ELECTRA:
  Cynffonna di, os mynni,
  'dyw hynny ddim wrth fy modd i.

CHRUSOTHEMIS:
  Eto, 'fyddai neb yn dymuno iti syrthio
  o ddiffyg meddwl.

ELECTRA:
  Fe syrthiaf, os oes rhaid, yn cefnogi fy nhad.

CHRUSOTHEMIS:
  Rwy'n hyderu fod nhad yn maddau inni am hyn.   400

ELECTRA:
  Bydd bradwyr yn eu cysuro eu hunain
  â theimladau o'r fath.

CHRUSOTHEMIS:
  'Chymeri di ddim dy berswadio,
  na'th gynghori gen i?

ELECTRA:

Na, yn wir. 'Fyddwn i byth mor benwan.

CHRUSOTHEMIS:

Fe a' i ymlaen, felly, â'r neges oedd genni.

ELECTRA:

Ble rwyt ti'n mynd?
I bwy rwyt ti'n dwyn yr offrymau yma?   405

CHRUSOTHEMIS:

Mae mam yn fy anfon i dywallt diod-offrymau
ar fedd nhad.

ELECTRA:

Sut rwyt ti'n dweud?
I'r meidrolyn casa ganddi?

CHRUSOTHEMIS:

Y gŵr a laddodd hi. Dyna y caret ti ei ddweud.

ELECTRA:

Pwy o'i chyfeillion ddaeth â pherswâd arni?
Pwy oedd am iddi wneud hyn?

CHRUSOTHEMIS:

Cafodd freuddwyd brawychus, rwy'n credu.   410

ELECTRA (*A golwg obeithiol arni*):

Dduwiau'r tadau, byddwch yn gymorth inni nawr.

CHRUSOTHEMIS:

Pam? Oes genti le i hyderu i ganlyn ei dychryn hi?

ELECTRA:

'Alla i ddim dweud eto.
Dwed wrthyf—beth welodd hi?

CHRUSOTHEMIS:

'Does fawr i'w ddweud yn fanwl, hyd y gwela i.

ELECTRA:

Dwed gymaint a wyddost.
Bydd gair bach yn fynych   415
yn gallu siomi ar yr ochor orau,
fel ar yr ochor waetha.

CHRUSOTHEMIS:

Y stori yw iddi weld ein tad ni'n

sefyll eilwaith wrth ei hochor hi,
wedi dod drachefn i olwg golau dydd,
ac iddo gymryd teyrnwialen Aigisthos   420
oedd gynt yn eiddo iddo fe ei hun
a'i phlannu wedyn wrth allor yr aelwyd.
Brigodd ohoni gangen ddeiliog
a bwrw ei chysgod dros holl dir Micenai.
Dyna'r stori gan un oedd yn ei hymyl,
pan adroddodd ei breuddwyd wrth y duw-haul.   425
    'Wn i ddim mwy na hynny,
oddieithr mai dyna pam yn ei dychryn
yr anfonodd hi fi yma.
    Yn enw duwiau'r teulu, felly,
rwy'n deisyf arnat
cymer dy berswadio gen i.
Paid â syrthio trwy ffolineb,
oherwydd, os wyt am fy niystyru nawr,
bydd hi'n rhy hwyr iti ddod ata i,
pan aiff hi'n ddrwg arnat.   430

ELECTRA:
    'Nghariad i, paid â gadael i ddim o'r pethau yma
sydd yn dy ddwylo gyffwrdd â'r bedd.
    'Does genti ddim sail ar dir deddf na duwioldeb
dros ddwyn rhoddion a diod-offrymau i'n tad ni
oddi wrth wraig oedd yn ei gasáu.
Lluchia nhw i'r gwynt,   435
neu cladda nhw'n ddwfn yn y ddaear,
eu cuddio nhw lle na all dim ddod
i lychwino gorweddle ein tad byth.
Gad iddi gael hyd iddyn nhw yno'n
drysor ar ei chyfer
pan ddaw hi ei hun i'w chladdu.
Yn sicr, dim ond gwraig or-feiddgar
fyddai'n meddwl am offrymu offrymau casineb   440
er anrhydedd i'r gŵr a laddwyd ganddi.
Wyt ti'n tybio y bydd y marw yn ei fedd

18

yn debyg o dderbyn y rhoddion hyn yn garedig
gan honno 'lofruddiodd e mor warthus, fel gelyn,
llurgunio ei gorff e, ac, i lanhau'r cleddyf,
sychu staen y gwaed yng ngwallt ei ben?   445

    Wyt ti'n barnu y bydd y rhoddion hyn
yn golchi'r gwaed oddi ar ei dwylo hi?
Dim byth. Tafla nhw i ffwrdd,
a thor gudyn o wallt dy ben,
a rho iddo hefyd dusw o 'ngwallt innau,
ie, yn fy nghyflwr truenus,—peth digon gwael yr olwg, 450
ond y cwbl sy genni i'w gynnig,—
y cudyn gwallt anniben hwn,
a'r gwregys diaddurn yma.
Yna syrthia ar dy liniau, a gweddïa
ar iddo ddod o'r ddaear i'n cynorthwyo ni,
i'n hamddiffyn ni yn erbyn ein gelynion,
ac i'r llanc Orestes gael byw   455
a dod â llaw gadarn
a sathru ei elynion dan draed,
inni allu ryw ddydd a ddaw goroni'r bedd
â rhoddion cyfoethocach
na'r rhain sy gennym nawr.

    Mae rhyw syniad gen i—syniad hwyrach—
fod gan ein tad law yn anfon y breuddwyd bygythiol yma. 460
Ond, fy chwaer, fel y bo am hynny;
gwna'r gwasanaeth yma,
yn gymorth i ti dy hun ac i minnau,
a hefyd i'r cariadusaf oll o ddynion
sydd, er yn gorwedd yn ei fedd,
yn dad i'r ddwy ohonom, i ti ac i mi.

CÔR:
    Mae dy chwaer yn siarad o waelod calon.
    Os wyt ti'n ddoeth, merch i,
    fe wnei fel y mae'n gofyn.   465

CHRUSOTHEMIS:
    Fe wnaf.

19

Pan fydd dyletswydd yn galw,
peth gwirion yw i'r ddwy ohonon ni ffraeo
yn hytrach na gyrru ymlaen yn gytûn.
Ond wrth roi cynnig ar y dasg hon,
myn duw, gyfeillion, cadwch y peth yn ddistaw,
oherwydd, os daw mam i glywed am hyn,
bydd genni achos yn fuan
i edifarhau am y fenter yma.

(*Fe â Chrusothemis ymaith i roi'r offrymau ar ei rhan hi ei hun ac Electra ar feddrod eu tad.*)

Y CORAWD CYNTAF (*Y STASIMON CYNTAF*) 472-515
Stroffe:

(*Mae'r breuddwyd—"y ddarogan hon"—a gafodd Clutaimnestra yn gwneud i'r Côr deimlo y gwelir gwireddu cyfiawnder cyn bo hir.*)

Nod y ddarogan hon   472
yw uniondeb cyfiawnder
a fydd o'n tu yn brwydro'n fuan,
oni bo imi fethu o bwyll
ac o welediad gweledydd.   480
Hyder imi a gadwyd:
y breuddwyd oedd yn bereiddiwch
i goel iaith yn y glust.
Yn ddiwarth fe ddywed
nad wyt yn angof gan dy dad—
egr ben y Groegiaid,
na heidiog ergydion chwil, digywilydd   485
hen efydd o fwyell ddeufin.

Antistroffe:

(*Daw'r Dialydd—yr Erinuës cosbol—ac fe leddir y rhai euog.*)
Deil y Dialydd
yn gudd mewn gwâl.
Daw â'i olwg yn llu traed a dwylo   490

i orfod ar arfau.
Pan welir cytundeb rhwng godineb a gwaed
yn difwyno defod priodas,
oriau di-hid yn herio deddf, 495
yna golwg ar argoelion
fydd gweld troseddwyr a'u cynorthwywyr a'u cwymp.
Digalon fydd ceisio egluro yr oraclau a'n lwc
ac arwyddion ein breuddwydion wedyn, 500
oni saif gwelediad y nos hon
a'i ddull yn argoel dda.

Epōdos:

(*Stori hir yw hanes yr euogrwydd a'r gwae a ddechreuodd gyda marwolaeth Murtilos.*)

Y ras siaredau a'r rhawd
o gur wedi Pelops gynt,
gloes ddiddiwedd i'n gwlad— 505
tawlu Murtilos i fôr ac i'w fedd
o dwrf ei siared aur,
y trin truenus: 510
a hyd y dydd hwn
ni adawyd hyd y diwedd
un tâl i'r tŷ hwn
ond gwarth gyda gwae. 515

YR AIL DDIALOG (*YR AIL EPEISODION*) 516-1057

(*Daw Clutaimnestra at gerfddelw ac allor Apolon o flaen y plas. Mae llawforwyn gyda hi'n cario offrwm o ffrwythau i'w gosod wrth y gerfddelw. Daw i bledio â'r duw i droi'r breuddwyd yn fantais iddi hi ei hun. Mae'n gweld Electra, ac yn troi arni.*)

CLUTAIMNESTRA:
Dyma thi allan yma, mae'n debyg gen i,
yn crwydro'n ddirwystr,
oherwydd nad yw Aigisthos gartref. Gallai e
bob amser dy gadw rhag mynd dros garreg y drws

21

a dwyn gwarth ar dy bobl dy hun.
Ond pan fydd e i ffwrdd
'dwyt ti ddim yn gwneud sylw ohono i.
Eto rwyt ti dro ar ôl tro'n taenu ar led   520
fy mod i'n llywodraethu'n feiddgar
a thu hwnt i bob cyfiawnder,
ac yn dy drin di a dy bethau'n drahaus.
'Dydw i ddim yn gormesu neb:
os wyf i'n siarad â thi'n llym,
mae hynny am mai iaith arw
rwy'n ei chael yn fynych gen ti.
Rwyt ti bob amser yn taflu ar draws fy nannedd   525
i'th dad gael ei ladd gen i, ie, gen i.
Mi wn hynny'n iawn,
a 'dydw i ddim yn dymuno gwadu'r peth,
oherwydd Cyfiawnder,
nid fi yn unig laddodd dy dad,
ac mi ddylasit ti fod ar ochor Cyfiawnder,
pe bait ti yn dy synhwyrau'n iawn.
    Mi wnaeth y tad yma sy genti,   530
a thithau byth a hefyd yn ei alaru,
fe feiddiodd—yr unig un ymhlith y Groegiaid—
beiddio aberthu dy chwaer i'r duwiau,
merch genhedlwyd ganddo, wrth reswm heb boen gwewyr,
fel i mi ei mam hi.
    Nawrte, eglura i mi pam, er mwyn pwy
yr aberthodd e hi?   535
Er mwyn y Groegiaid, meddet ti, fe ddichon.
Ond 'doedd ganddyn nhw ddim hawl i ladd fy merch i.
Ynte ai lladd fy merch i
er mwyn ei frawd Menelaws a wnaeth?
Oni ddylai hynny roi achos cyfiawn i mi?
Onid oedd gan Menelaws ddau o blant ei hun,
ac onid y rhain, fe ddichon,
a ddylai fod wedi marw?   540
Onid mwy priodol fyddai aberthu'r rhain

a anwyd o dad a mam
yr hwyliodd y llu er eu mwyn nhw
na 'mhlentyn i?
A oedd gan yr Angau fwy o hiraeth
am waed fy mhlentyn i
nag am waed ei phlant hi, Helen?
Neu a oedd cariad yr anghenfil hwnnw o dad
wedi ei drosglwyddo i epil Menelaws   545
oddi wrth fy mhlentyn i?
Onid dewisiad tad anystyriol a brwnt oedd hyn?
Dyna oedd, yn sicr, yn fy meddwl i,
ac, os wyf i'n synio'n wahanol i ti,
byddai hi a laddwyd yn cytuno â mi,
pe bai'n gallu siarad.
Felly 'dyw hi ddim yn edifar genni,   550
mi dybia i, am yr hyn a wnaed;
ac, os wyt ti o'r farn fy mod yn wyrdroëdig,
gwna'n siŵr o gyfiawnder dy achos dy hun
cyn beio pobl eraill.

ELECTRA:
   'Elli di ddim dweud y tro hwn
mai fi ddechreuodd y cweryl yma
na dy gythruddo chwaith. Ond, gyda'th gennad,
mi garwn i gywiro'r hyn a ddywedi
am fy nhad a fy chwaer hithau.   555

CLUTAIMNESTRA:
   Mae iti fy nghaniatâd, yn sicr.
A phe bait ti wedi mynd ati bob amser
yn y dull yma,
'fuaswn i ddim yn gwrando dan boen.

ELECTRA:
   Clyw.
Rwyt ti'n addef iti ladd fy nhad.
A ellid cyfaddefiad mwy cywilyddus na hyn,
p'un a oedd gwneud hynny'n gyfiawn ai peidio?   560
Ond mi ddoda i hyn iti

23

nad lladd o gyfiawnder wnest ti,
ond yn hytrach cael dy hudo
trwy berswâd y gŵr cythreulig
rwyt ti'n byw gydag e nawr.
Oherwydd gofyn i'r helreg Artemis
pa fai oedd hi'n ei gosbi
wrth atal y gwyntoedd sy'n taro ar Awlis?
Mi ddyweda i, gan nad yw'r drefn   565
yn caniatáu ateb ganddi hi.
Bu i nhad unwaith, yn ôl a glywais i,
wrth gymryd ei fwyniant yn hela mewn llannerch
oedd yn gysegredig iddi hi,
bu iddo gychwyn carw corniog brith, a chyda ei ladd
fe ddigwyddodd weiddi gair yn ymffrost.
Yn ei digofaint o achos hyn
fe ddaru i ferch Letò gadw'r Achaiaid yn ôl,   570
a pheri i nhad aberthu ei ferch ei hun
yn iawndal am y creadur a laddwyd.
Felly yr offrymwyd hi,
oherwydd 'doedd yr un ffordd arall
i ryddhau'r llynges am adre neu am Gaerdroia.
Am y rheswm hwnnw y gorfodwyd e'n   575
groes i'w ewyllys
i'w haberthu hi yn y diwedd,
nid er mwyn Menelaws o gwbl.
Ond, os hyd yn oed yn ôl y dehongliad sy gen ti,
ei fwriad e oedd cynorthwyo ei frawd,
a ddylai fe farw oherwydd hyn ar dy law di?
Pa fath ddeddf yw hyn?
Edrych di, wrth osod i lawr ddeddf o'r fath i bobl,   580
na fyddi'n codi gwae dialedd yn dy erbyn dy hun,
oherwydd, os yw cyfiawnder yn hawlio
un bywyd am fywyd arall,
ti, ar sail cyfiawnder, wyddost,
a fyddai'r cynta i farw.
'Dyw'r ple rwyt ti'n ei gyflwyno ddim yn dal.

Dangos, os mynni, pam rwyt ti,   585
fel y mae pethau, yn byw bywyd o warth,
yn gywely i'r adyn o ddyn
oedd yn dy gynorthwyo i ladd fy nhad,
dwyn plant iddo wedyn,
a bwrw ymaith er eu mwyn nhw
yr etifeddion cyfreithlon   590
a anwyd o briodas gyfreithlon.
    Sut y galla i gymeradwyo'r fath weithredoedd?
Neu ynte a ddywedi fod hyn hefyd
yn ddial ar dy ran ar ôl dy ferch?
Esgus cywilyddus yw, os dyna'n wir dy ddadl,
oherwydd nid peth cymeradwy yw gwneud dy ferch
yn esgus dros briodas waradwyddus.
    Ond 'does fawr o fudd ceisio dy geryddu di.   595
Y cyfan sy genti'n ateb yw'r cri
ein bod ni'n difenwi ein mam.
Rwyf i'n dal dy fod yn fwy o feistr
i ni nag o fam.
Rwyf i'n byw bywyd o flinder,
dan draed o hyd genti a'th bartner.   600
Ac yn rhwyle mae un arall
a lwyddodd i ffoi o dy ddwylo di,
Orestes, yn treulio ei fywyd gofidus yntau'n alltud.
Mor fynych y cyhuddaist fi o'i fagu
i fod yn ddialydd arnat.
Dyna fel y byddai hi, pe bai genni'r gallu.
    Ymlaen â thi'n hwyliog. Dal i 'nghyhuddo i,—   605
lladd arna i yng ngŵydd pawb.
Galw fi'n ferch gecrus, yn rhydd ei thafod,
yn gnawes.
Os wyf i wedi tyfu'n sgilgar yn y pethau hyn,
rwy'n agos iawn at fod yn ddrych o ferch o frid,
heb fod yn gywilydd i honno a esgorodd arna i.
CÔR:
    Rwy'n ei gweld hi'n cynddeiriogi,   610
                            25

a 'dyw hi'n hidio fawr bellach
a yw ei geiriau'n cydweddu â chyfiawnder.

CLUTAIMNESTRA:

Pam y dylwn bonsio amdani hi,
a hithau yn ei hoed hi'n sarhau ei mam?
'Dwyt ti ddim yn meddwl fod 'na weithred ysgeler
na fyddai hi'n disgyn i'w chyflawni? 615

ELECTRA:

Ie, cred fi, mae'n wir gywilyddus genni'r
hyn rwyf i newydd ei ddweud.
Hwyrach nad wyt ti'n credu hynny.
Fe wn nad yw ymddygiad chwith yn gweddu imi.
Ond mae dy gasineb a dy weithredoedd
yn fy ngorfodi i ymateb yn gas.
Mae atgasedd yn ennyn atgasedd yn hawdd. 620

CLUTAIMNESTRA:

Y creadur digywilydd!
Rwyt ti'n llawer rhy rydd ar dy dafod
am yr hyn rwy'n ei ddweud, ac yn ei wneud.

ELECTRA:

Dy fai di, nid fy mai i, yw hynny.
Ti biau'r gwneud,
a hynny sy'n rhoi bod i'r dweud. 625

CLUTAIMNESTRA:

Nawr, myn Artemis fendigaid,
cei di edifarhau am dy feiddgarwch
pan ddaw Aigisthos yn ôl adre.

ELECTRA:

Ie, wel'di, mae dy ddigofaint yn mynd yn drech na thi.
Roeddwn i'n rhydd yn y dechrau genti
i ddweud fy meddwl,
ond pan wy i'n siarad,
'dwyt ti ddim yn barod i wrando.

CLUTAIMNESTRA:

Nage. Fe rois i gennad iti ddweud 'r hyn oedd genti. 630
Ond, taw bellach â dy dafod gwyllt,

a gad imi gael aberthu mewn distawrwydd.

ELECTRA:
Ar bob cyfrif, dos ymlaen â'r aberthu.
Paid â beio fy nhafod i.
'Chei di ddim ohono i'n dweud rhagor.

*(Aiff Clutaimnestra at gerflun ac allor Apolon sydd o flaen y plas.
Yno mae'r forwyn yn cyflwyno'r offrymau, a hi ei hun wedyn yn
gweddïo.)*

CLUTAIMNESTRA:
Forwyn, cod yr offrwm ffrwythau yma,
fel y galla i ddyrchafu fy ngweddïau i'r Arglwydd   635
i 'ngwaredu oddi wrth yr ofnau
sy'n poeni fy enaid.
    Apolon, ein gwarcheidwad, clyw fy ngweddi—
er ei llefaru'n gudd, ac nid yn agored
fel ymhlith cyfeillion.
Ni wedda imi chwaith
ddadlennu fy holl feddyliau
tra bo hon yn ymyl,   640
yn eiddigedd, ei thafod maleisus yn brysur,
a'i phw-pw ym mhob heol.
Gwrando ar fy nghri,
megis y mynnwn gael fy ngwrando.
    Arglwydd Apolon, y breuddwyd ges i   645
neithiwr, yn ddyblyg ei arwyddocâd,
os yw'n eglur er fy lles, gwiredda ef,
ond, os yw'n fygythiol,
syrthied y drwg ar wartha fy ngelynion.
Os oes rhai'n cynllwyn yn fradwrus
i 'nifreinio o 'nghyfoeth a'm safle i,
rhwystra nhw, a chaniatâ
imi fyw'n hir ac yn ddiogel oddi wrth niwed,   650
ac i gynnal teyrnwialen tŷ Atréws yn llewyrchus
gyda'r rhai sy'n fy ngharu,
fel rwy'n byw nawr,

27

yn ddedwydd fy nyddiau gyda 'mhlant
sydd heb gasineb ataf,
na malais yn fy erbyn.

Arglwydd goleuni, clyw fi yn dy ras,   655
a dyro inni ein holl ddeisyfiadau,
a'r holl bethau eraill
yr wyf yn haeddiannol yn ddistaw yn eu cylch.
Fel duw, fe wyddost ti amdanyn nhw,
oblegid gwir y gair fod meibion Zews
yn gweld pob peth.

(*Daw'r Hyfforddwr i'r llwyfan yn cymryd arno fod yn gennad o
Phocis. Mae Electra, Clutaimnestra a'r Côr yn bresennol pan
ddaw i'r golwg, ac mae'n dal ar y "cyfle i fynd i mewn i'r
Plas": ll. 39.*)

HYFFORDDWR:
Rianedd o fonedd, ai iawn imi gredu   660
mai hwn yw cartre'r Brenin Aigisthos?

CÔR:
Ie, ddieithryn. Rwyt ti wedi dyfalu'n gywir.

HYFFORDDWR:
A wyf i'n iawn wrth feddwl mai ei briod sydd yma?
Mae golwg brenhines arni.

CÔR:
Ie'n wir i ti. Rwyt ti yn ymyl y frenhines.   665

HYFFORDDWR (*Wrth Clutaimnestra*):
Eich cyfarch, eich Mawrhydi.
Rwy'n dod â newyddion oddi wrth gyfaill
i chi a'ch arglwydd Aigisthos.

CLUTAIMNESTRA:
Croeso i'th eiriau. Ond carwn wybod i ddechrau
pwy anfonodd di.

HYFFORDDWR:
Phanotews, y Phociad,
ar fater o bwys mawr.   670

28

CLUTAIMNESTRA:
  Dywed, ddieithryn, pa fater.
  Rwyt ti yma oddi wrth gyfaill,
  felly fe wn yn iawn mai cyfeillgar fydd dy neges.

HYFFORDDWR:
  I ddweud yn fyr beth sy genni:
  Mae Orestes wedi marw.

ELECTRA:
  Rarswyd! Mae hi bellach ar ben arna i!

CLUTAIMNESTRA:
  Beth rwyt ti'n ddweud, ddieithryn?   675
  Beth rwyt ti'n ddweud?
  Na hidia amdani hi.

HYFFORDDWR:
  Mi ddyweda i eto,
  fel y dywedais i: bu farw Orestes.

ELECTRA:
  Druan ohono i.
  Mae hi wedi darfod amdana i'n llwyr.

CLUTAIMNESTRA (*Wrth Electra*):
  Rhyngot ti a dy fater dy hun.
  (*Wrth yr Hyfforddwr*) Dywed y cyfan wrthyf, gyfaill,
  ym mha fodd y bu e farw.

HYFFORDDWR (*Stori'r ornest siaredau*):
  Mi ddyweda i'r cyfan.   680
  Anfonwyd fi i wneud hynny.
    Fe aeth i ŵyl fawr y Groegiaid—
  Mabolgampau Delffi, i gystadlu yn y chwaraeon.
    Pan groch gyhoeddodd y rhingyll y ras redeg,
  fe gamodd ymlaen yn wych ei lun,
  yn wrthrych edmygedd gan bawb yno.   685
  Rhedodd yr holl gwrs rownd y trobost
  a dychwelyd yn fuddugoliaethus,
  wedi ennill y gamp a'r wobr.
  Ar fyr eiriau—lle y mae cymaint i'w ddweud—
  'chlywais i erioed am y fath fedr

29

ag a ddangosodd e,
yn ennill bob cynnig,   690
a'r gymeradwyaeth wedyn yn atseinio:
"Buddugoliaeth i Orestes o Argos,
mab Agamemnon,
arweinydd lluoedd enwog y Groegiaid."
    Aeth pethau'n iawn hyd at y pryd hynny.   695
Ond pan fo un o'r duwiau'n ymyrryd,
prin y gall y glewaf o ddynion ddianc,
oherwydd ar un o'r dyddiau eraill,
pan gynhaliwyd yr ornest siaredau
ar doriad gwawr â holl nerth y carnau,
fe gynigiodd Orestes, gyda llawer o siaredwyr eraill: 700
un o Achaia, un o Sbarta,
dau o Libia yn feistri ar gydweddoedd,
ac yn eu plith Orestes, y pumed,
â cheffylau o Thesalia.
Aitoliad yn chweched â chesyg gwinau,
gŵr o Magnesia yn seithfed,   705
yr wythfed, â cheffylau gwyn, yn frodor o Ainia,
y nawfed o Athen, y ddinas godwyd gan y duwiau,
a'r olaf o Boiōtia, yn gwneud maes o ddeg.
    Bwriodd y dyfarnwyr penodedig goelbren,
a phenderfynu, felly, leoliad pob siared.   710
    Ar alwad yr utgorn pres dyma gychwyn,
a phawb yn gweiddi gyda'i gilydd ar eu ceffylau,
ac yn plycio'r afwynau yn eu dwylo.
Roedd yr holl drac yn atseinio
gan ddadwrdd y rhuglo a'r chwyrlïo,
a'r llwch yn lluchio fry,
pob gyrrwr yn gydbleth â'i gilydd,   715
heb arbed y llach, pob un yn egr
am gael y blaen ar fothau olwynion ei gilydd,
ac ar ffromiadau'r ceffylau,
oherwydd gwelai pob un yr ewyn yn britho ei gerbyd
a chlywed anadliadau'r ceffylau yn ei gefn.

Wrth droi rownd trobost   720
byddai Orestes yn llywio'n agos ato,
a'r both ymron cyffwrdd ag ymyl y post,
yntau'n annog y ceffyl tres ar y dde,
ac yn atal y ceffyl tres agosaf ato.
Am ysbaid âi'r cerbydau yn eu blaenau'n ddianaf;
yna ffyrnigodd ebolion genau-caled yr Ainiad,   725
a rhwng y chweched a'r seithfed cwrs
dyma ruthro yn eu cyfer yn erbyn siared y Barcaiad.
Wedyn, i ganlyn y ddamwain honno,
bu cwymp ar ôl cwymp,
a holl wastadedd Crisa yn ddrylliau siaredau.   730
    Sylwodd y siaredwr cyfrwys o Athen ar hyn,
ac fe dynnodd allan o'r cwrs ar y naill du,
dal yn ôl wedyn, ac yna gadael
i'r ymchwydd ceffylau fynd heibio
yn y tryblith yng nghanol y trac.
    Orestes oedd y nesaf i mewn yn rhes y siaredau,   735
ac yn dal ei geffylau'n ôl,
gan fwriadu ymddiried yn ei reng ar yr ochor fewn,
ond pan sylwodd mai un cydymgeisydd
yn unig oedd ar ôl,
yna â gwaedd chwyrn yng nghlustiau ei gesyg cyflym
fe ddilynodd yn galed,
a dyna'r ddau dîm yn gyrru ochor yn ochor â'i gilydd,
un nawr a'r llall wedyn yn cael pen ar y blaen.   740
Roedd Orestes druan wedi llywio ei dîm
yn gywir ddiogel hyd yma ar dro pob lapiad;
yna llaciodd ffrwyn y ceffyl ar y llaw chwith
wrth y trobost, ac yn ddiarwybod
fe drawodd ochor y postyn.
Torrwyd bogel yr olwyn yn yfflon,   745
a lluchiwyd Orestes dros ganllaw'r siared,
a'i lusgo ymlaen,
wedi ei faglu yn yr afwynau oedd yn torri arno.
Wrth iddo syrthio i'r llawr
31

rhuthrodd ei geffylau'n wyllt i ganol y cwrs,
a chyda gweld y ffordd y cwympodd oddi ar ei gerbyd
cododd y dorf yn gri o gydymdeimlad dros y llanc,—   750
ei gampau gwych a'i ddiwedd trychinebus,—
ei daflu nawr i'r llawr,
a'i dasgu wedyn i'r awyr,
ei draed yn ucha.
O'r diwedd cafodd y siaredwyr eraill
reolaeth ar ei geffylau oedd ar ffo,
a rhyddhau'r corff oedd mor waedlyd,
fel na allai neb o'i gyfeillion   755
adnabod y gelain friw.
    Yn ebrwydd fe losgodd y Phociaid e
ar goelcerth angladdol,
ac y mae cenhadau o Phocis ar eu ffordd
yn dwyn mewn wrn bychan lwch distadl
y mwyaf o wŷr,
fel y gellir rhoi bedd iddo
yn naear ei wlad ei hun.   760
    Dyna'r stori sy gen i,
stori drist i'w hadrodd,
ond i bawb a welodd y peth,
a minnau hefyd yn dyst,
'fu erioed olygfa fwy arswydus.

CÔR:

Och! Och! Dyma linach hynafol ein meistri,
i bob golwg, wedi darfod,   765
yn wreiddyn ac yn gangen.

CLUTAIMNESTRA:

O Dduw, beth ddyweda i am hyn oll?
Ai ffodus, ai ofnadwy, ond buddiol?
Dyma beth poenus i mi,—
os wyf i achub fy mywyd
trwy ddioddefaint fy mhlentyn.

HYFFORDDWR:

    Fonesig,

32

pam mor ddigalon ar gorn fy newyddion?

CLUTAIMNESTRA:
Peth chwithig yw bod yn fam,
oherwydd, er ei sarhau ganddyn nhw,   770
'all mam ddim casáu ei phlant.

HYFFORDDWR:
Bu fy nyfod, felly,
yn ôl pob golwg, yn ofer.

CLUTAIMNESTRA:
Na, nid yn ofer.
Sut y gelli ddweud 'yn ofer',
os wyt yn dwyn imi brofion diogel o'i farwolaeth?
Yntau a gafodd fywyd o 'mywyd i,   775
yn gwrthgilio oddi wrth y bronnau a'i magodd,
yn alltud, yn ddieithr,
ac, o'r adeg yr aeth ymaith,
na welodd mohono i byth wedyn,
ond ei fod yn fy ngalw'n llofrudd ei dad,
ac yn bygwth fy nghosbi.
       'Chaeodd cwsg melys, felly, mo'm llygaid i
yn y nos nac yn y dydd,
ac roedd amser wrth fy ymyl   780
yn fy nhywys o hyd i afael marwolaeth.
Ond nawr, y diwrnod yma, dyma 'ngwaredu i
oddi wrth ofn o'i du ef ac o'i thu hithau,
hyhi'n fwy o bla nag e,
yn cyd-fyw ar yr un aelwyd â mi,
a byth a hefyd wrthi'n sugno
gwaed glân fy mywyd.
Ond, er gwaetha ei bygythion hi,   785
byddwn ni'n gallu treulio ein dyddiau
bellach mewn heddwch.

ELECTRA:
Gwae fi yn fy nhrueni.
Fy rhan i fydd galaru mwy
dros dy dynged di, Orestes,

am dy fod wedi dioddef fel hyn,—
cael dy gywilyddio gan dy fam wedi iti farw.
Ai iawn peth fel hyn?   790

CLUTAIMNESTRA:
'Dyw hi ddim, yn sicr, yn dda iawn arnat ti,
ond mae hi'n dda iawn arno fe fel y mae pethau.

ELECTRA:
Gwrando, dduwies dialedd!
Gwna gyfiawnder â'r marw!

CLUTAIMNESTRA:
Gwrandawodd y Dialydd pan oedd angen hynny,
a phenderfynu'r achos yn deg.

ELECTRA:
Gwawdia. Dyma awr dy lwc di.

CLUTAIMNESTRA:
'Fydd Orestes na thithau ddim yn gallu rhoi pen   795
ar yr awr honno, fyddwch chi?

ELECTRA:
Mae hi ar ben arnon ni,
heb sôn amdanon ni'n rhoi pen arnat ti.

CLUTAIMNESTRA (*Yn troi at yr Hyfforddwr*):
Byddai dy ddyfodiad, Syr, yn teilyngu
cydnabyddiaeth anrhydeddus,
pe byddet wedi gallu rhoi pen ar y tafod croch yma.

HYFFORDDWR:
Mi alla i fynd felly, os yw pethau'n iawn.

CLUTAIMNESTRA:
Na'n wir. Byddai croeso o'r fath   800
yn annheg â mi ac â'th feistr
a anfonodd di yma.
Ond tyrd i mewn, yn wir. A gad y ferch yma
y tu allan i gonan am ei hanffodion hi
a'i chyfeillion.

(*Mae Clutaimnestra yn hebrwng yr Hyfforddwr i mewn i'r plas,
ac y mae Electra yn troi at y Côr.*)

ELECTRA:
    Yn eich meddwl chi
ai mam yn ei gofid a'i galar
yn wylo o dorcalon am ei mab a laddwyd felly   805
yw'r wraig druenus hon?
Na, fe aeth hi ymaith dan laswenu'n wawdlyd.
    Orestes anwylaf, gwae fi!
Dy farw yw fy marw i,
oblegid gyda thi
fe ddiflannodd gobaith olaf fy nghalon   810
y byddet eto'n dychwelyd
i dalu'r pwyth rywbryd dros dy dad
a minnau druan.
Ond bellach i ble y mae dichon imi droi,
yn unig ac wedi fy amddifadu
ohonot ti a nhad?
A rhaid imi o hyn ymlaen fod yn gaethferch
i'r mwyaf gelyniaethus o bobl a wn,—   815
i lofruddion fy nhad?
Ai dyma yw cyfiawnder?
Na, af i byth eto i mewn i'r tŷ yma
i gyd-fyw yno.
Na, mi orwedda i wrth y drws yma
a dihoeni yno'n ddigyfaill.
Felly, os tybia rhywun yn y tŷ yma   820
mod i'n ddolur llygad iddo,
lladded fi.
Byddai fy lladd yn gymwynas,
oherwydd mae byw bellach yn boen.
'Dydw i ddim yn dyheu am fyw.

(*Mae hi'n suddo i'r llawr.*
Mae Clutaimnestra a'r Hyfforddwr yn y plas nawr, ac mae
Electra yn sefyll y tu allan wrth y fynedfa. Ceir egwyl gorawl lle y
mae'r Côr yn ceisio cysuro Electra â sôn am sefyllfa debyg mewn
chwedloniaeth.)

35

COMOS (COMMOS) 823-870
(*Dialog telynegol rhwng Electra a'r Côr sy'n ceisio ei chysuro hi.*)

CÔR:

O Zews, ymhle y mae dy daranfollt?
O Haul, ble mae dy belydrau,   825
os na ddygir y drygau hyn i olau dydd?

ELECTRA (*Yn beichio wylo*):

Och! Gwae fi!

CÔR:

Fy merch, pam rwyt ti'n dal i wylo?

ELECTRA:

Gwae!

CÔR:

Paid â phara i wylofain.   830

ELECTRA:

Paid â 'mhoenydio.

CÔR:

Beth yw dy feddwl?

ELECTRA:

Pe bait ti'n peri imi obeithio
fod y rheini'n fyw
a aethai'n amlwg i'r angau,—
ond rwyt ti'n hytrach yn sathru ar fy mriwiau.   835

CÔR:

Daw i gof y gweledydd Amffiaraws,
wedi ei faglu gan wraig am dorch aur,
a'i lyncu wedyn gan y ddaear.

ELECTRA:

Och! Och!   840

CÔR:

Ac mae'n teyrnasu yn holl bŵer ei enaid.

ELECTRA:

Gwae!

CÔR:

Ie, gwae i'r llofrudd.

36

ELECTRA:
Lladdwyd hi. Dyna oedd ei chosb.

CÔR:
Ie, lladdwyd hi.

ELECTRA:
Mi wn, mi wn. Cododd cysurwr   845
i weini ar yr un oedd yn galaru.
Ond 'does dim pleidiwr i mi.
Yr un a adawyd—cafodd ei ddwyn ymaith.

CÔR:
Caled, caled, yn wir yw dy ran.

ELECTRA:
Rwy'n arbenigwr yn y pethau hyn,—   850
yn ben arbenigwr,
a 'mywyd yn dreigl o flinderau,
blinderau ar bob llaw fis ar ôl mis.

CÔR:
Ie, buon ni'n gwylio dy ofidiau di.

ELECTRA:
Peidiwch bellach â'u tynnu nhw oddi arna i.   855

CÔR:
Beth rwyt ti am ddweud?

ELECTRA:
Mae hi wedi darfod am unrhyw gysuron gobaith
ganddo fe oedd o'r un gwaed breiniol â mi.

CÔR:
Tynged ar bawb yw marw. Dyna sy'n naturiol.   860

ELECTRA:
Ond, ai naturiol y ffordd y bu e farw, y llanc anffodus,
mewn gornest dan garnau ceffylau chwim,
wedi ei faglu'n friw yn y tresi?

CÔR:
Ie, arteithio anhygoel.

ELECTRA:
A gwaeth fyth—ymhell o dre,   865
ac mewn gwlad ddieithr.

COR:

Ie, gwaetha'r modd.

ELECTRA:

Gorwedd, heb fy nwylo na 'nagrau
i weini ar ei fedd.   870

(*Daw Chrusothemis, chwaer Electra, yn gyffrous gan lawenydd.
Bu wrth feddrod Agamemnon, lle y gwelsai offrymau, a thybio mai
Orestes a oedd wedi eu rhoi yno.*)

CHRUSOTHEMIS:

Electra annwyl, dyma lawenydd mawr iti—
mi ruthrais yma ar frys, yn aflednais braidd,
i ddwyn y newyddion da,
a'r gollyngdod iti i ganlyn hynny
oddi wrth dy hen waeau a'th ofidiau.

ELECTRA:

Ymhle y gallet ti fod wedi dod o hyd   875
i feddyginiaeth i waeau
nad oes dim gwella iddyn nhw?

CHRUSOTHEMIS:

Mae Orestes yma iti, yn y cnawd.—
Cymer hynny gen i,
cyn wired â 'mod i'n sefyll o dy flaen di.

ELECTRA:

Wyt ti'n colli arnat ti dy hun, ferch,
yn gwawdio dy drueni dy hun
a 'nhrueni innau?   880

CHRUSOTHEMIS:

Yn enw aelwyd ein tad,
rwy'n dweud hyn yn wylaidd,—
mae e yma gyda ni.

ELECTRA:

O resyndod! Na, na!
O enau pwy yn y byd
y clywaist ti'r stori yma
rwyt ti wedi ei chredu mor hawdd?

38

CHRUSOTHEMIS:
  'Chredais i i neb arall ond i mi fy hun,— 885
  tystiolaeth fy llygaid, yn braw' eglur.

ELECTRA:
  Pa braw', ferch, pa dystiolaeth welaist ti
  a daniodd dy ddychymyg mor ddiymwared?

CHRUSOTHEMIS:
  Gwrando, er mwyn Duw,
  a phenderfyna wedyn
  p'un a wyf i'n siarad yn gall ai'n ddwl. 890

ELECTRA:
  Wel os yw'n dda genti siarad,
  dos yn dy flaen.

CHRUSOTHEMIS:
  Ie, mi wnaf. Mi ddyweda i'r cyfan welais i.
  Pan ddes i at feddrod etifeddol ein tad,
  mi sylwais ar ben y twmpath ar olion
  offrwm newydd o laeth, 895
  ac mewn cylch am gofgolofn ein tad
  roedd garlantau o bob math o flodau.
  Mi synnais wrth eu gweld nhw,
  ac edrychais o gwmpas rhag ofn
  fod rhywun rywle yn ymyl yn fy ngwylio.
  Ond pan welais fod popeth yn y lle'n ddistaw,
  mi gerddais yn nes at y beddrod, 900
  a dyna lle roedd yn ymyl y twmpath
  gudyn o wallt newydd ei dorri.
  Yn union gyda gweld hwnnw
  fflachiodd golwg gyfarwydd ar fy enaid,—
  yr anwylaf o bawb, Orestes.
  Roedd gweld yr offrwm yma'n arwydd oddi wrtho. 905
  Daliais e yn fy nwylo, heb yngan gair,
  ond roedd fy llygaid yn llawn dagrau llawenydd.
  Mi wyddwn y pryd hynny, fel y gwn i nawr,
  nad oedd neb arall wedi dod â'r offrwm ond y fe,
  oherwydd pwy arall fyddai wedi ei osod yno

ond ti neu finnau.   910
Mi wn hyn—nad fi wnaeth hynny,
ac nid tithau chwaith. Sut yn wir y gallet ti,
a thithau heb hawl gennyt i fynd allan o'r tŷ,
nid hyd yn oed i addoli?
Ac o'r braidd mai dyma'r math o beth
y mae ein mam yn caru ei wneud;
a phe bai wedi gwneud hyn,
prin y digwyddai'r peth heb yn wybod i ni'n dwy.
Na. Gelli fentro mai rhoddion Orestes yw'r rhain.   915
Cod dy galon, Electra.
'Dyw tynged neb yn aros yr un fath
ar hyd ei oes.
Beth bynnag amdani hyd yma,
gall heddiw fod yn gychwyn llu o ragolygon teg.

ELECTRA:
    Och! Mae'n resyn genni   920
    dy fod yn dal o hyd mor dwp.

CHRUSOTHEMIS:
    Beth sy? On'd wyt ti'n falch o'r hyn ddywedais i?

ELECTRA:
    Wyddost ti ddim ym mha fyd
    o ddychmygion rwyt yn dy gael dy hun.

CHRUSOTHEMIS:
    Sut y galla i amau'r hyn welais i'n eglur?

ELECTRA:
    Y peth dwl!
    Mae Orestes wedi marw.
    Disgwyl wrth y marw am waredwr!
    'Elli di ddim disgwyl rhagor wrtho fe.   925

CHRUSOTHEMIS:
    Ofnadwy!
    Gan bwy ar wyneb daear y clywaist ti hyn?

ELECTRA:
    Gan un oedd gydag e pan drengodd.

CHRUSOTHEMIS:

    Ble mae'r dyn?

    Mae hyn yn beth ód i'w ryfeddu.

ELECTRA:

    Mae e yn y tŷ,

    yn westai nid annerbyniol gan ein mam.

CHRUSOTHEMIS:

    Ofnadwy!   930

    Pwy o bawb yn y byd, felly, oedd biau'r

    offrymau haelionus hynny ar fedd ein tad?

ELECTRA:

    Mae'n debyg gen i fod rhywun wedi eu gosod nhw yno

    er cof am yr Orestes marw.

CHRUSOTHEMIS:

    Y greadures anffortunus ag wy i,

    yn prysuro i ddod â neges hapus, fe ymddengys,   935

    heb wybod am ein hanffawd.

    A nawr, wedi imi ddod â'r neges,

    cael gofidiau newydd am ben yr hen rai.

ELECTRA:

    Ie, dyna fel y mae hi,

    ond os gwrandewi arna i,

    gelli ysgafnhau baich ein gwaeau.

CHRUSOTHEMIS:

    Wyt ti am imi godi'r meirw'n fyw drachefn?   940

ELECTRA:

    Nid dyna roeddwn i'n feddwl.

    'Dydw i ddim mor ddwl â hynny.

CHRUSOTHEMIS:

    Beth rwyt ti'n ofyn sydd o fewn fy ngallu?

ELECTRA:

    Bydd yn ddigon dewr i weithredu

    yn ôl 'r hyn rwy i am argymell.

CHRUSOTHEMIS:

    Os bydd hynny o fudd,   945

    'wrthoda i ddim ohonot.

ELECTRA:
   Cofia, 'cheir dim llwyddiant heb ymboeni.
CHRUSOTHEMIS:
   Gwn hynny.
   Mi wna i bopeth yn fy ngallu i dy helpu.
ELECTRA:
   Yna, gwrando nawr sut rwy'n bwriadu gweithredu.
   Fe wyddost gystal â minnau
   na allwn ddisgwyl dim oddi wrth gyfeillion.
   Mae Angau wedi cipio pob un oddi arnon ni,
   a gadawyd ni'n dwy ar ein pennau ein hunain.   950
      Tra oedd ein brawd yn dal yn fyw,
   a newyddion yn cyrraedd am ei ffyniant,
   roedden ni'n dal i obeithio
   y byddai'n dod i ddial llofruddiaeth ei dad.
   Ond gan nad yw e bellach ar dir y byw,
   rwy'n edrych atat ti—
   chwaer yn ceisio cymorth chwaer—
   cymorth i ladd llofrudd ein tad,   955
   yr Aigisthos yma.
   Paid â gwangalonni ac osgoi'r syniad.
   'Does dim angen imi guddio'r peth ragor.
   Paid â chloffi rhwng dau feddwl.
   Beth a dâl gobeithio mwy
   lle nad oes ond gofid yn aros bellach,
   oherwydd dy amddifadu fydd hi   960
   o feddiant ar gyfoeth etifeddol y teulu,
   gofidio wedyn am gyhyd o amser
   oherwydd bod yn ferch ddibriod,
   ac yna dim byd ar ôl ond tynnu at y terfyn?
      'Does genti ddim gobaith
   dy wneud yn wraig briod byth.
   'Dyw Aigisthos ddim mor ddigyngor
   â chaniatáu i blant gael eu geni   965
   ohonot ti nac ohono i
   i wneud yn siŵr o'i ddifetha fe.

Os dilyni di fy nghynlluniau i
fe fyddi i ddechrau yn dangos dy barchedigaeth
o dy dad marw, a'n brawd ni yn yr un modd,
ac yna, fel un a anwyd yn freiniol,
fe fyddi o hynny ymlaen yn ferch rydd,   970
a phriodas deilwng yn dy ddisgwyl,
oherwydd mae dynion yn edmygu
rhinweddau mewn gwragedd.
Oni weli hefyd yr anrhydedd a ddaw
i dy ran di a minnau,
os cytuni i'm helpu i?
Pa ddinesydd, pa ddieithryn, pan welan nhw ni   975
na byddan yn rhoi deheulaw cymdeithas inni
a chanmoliaeth, ac yn dweud:
"Edrychwch, gyfeillion, ar y ddwy chwaer yma
a ddiogelodd anrhydedd tŷ eu tad,
a beiddio sefyll yn gadarn yr un pryd
yn erbyn eu gelynion,
a mentro eu bywyd
i dalu'r pwyth am lofruddiaeth.   980
Maen nhw'n haeddu eu hanrhydeddu,
yn haeddu parch pawb.
Ym mhob gŵyl, a lle bynnag y bydd
trigolion dinas yn ymgynnull,
anrhydedded pawb nhw ar gyfrif eu dewrder."
Dyna'r ffordd y bydd pob un
yn sôn amdanon ni'n dwy ym mhob man.
Yn fyw ac yn farw, 'fydd dim darfod   985
am yr hanes amdanom.
    Fy chwaer annwyl, gwrando arna i:
cymer ochor dy dad;
saf ar ochor dy frawd;
rho derfyn ar fy nghywilydd i;
rho ben ar dy gywilydd dithau.
Cofia hyn: mae bywyd o warth
yn waradwydd i'r rhai a anwyd yn freiniol.

CÔR:
Yn y fath sefyllfa ddifrifol 990
rhaid wrth ofal mawr
wrth siarad a gwrando.

CHRUSOTHEMIS:
Eitha gwir, gyfeillion.
Pe na bai ei phen hi'n gam,
mi fuaswn i'n disgwyl i'm chwaer bwyllo
cyn siarad fel'na,
ond 'fyn hi ddim.
(*Wrth Electra*)
Beth yn y byd wnaeth iti fod mor fyrbwyll 995
â dy arfogi dy hun fel hyn
ac i alw arna i i ymrestru odanat?
'Dwyt ti ddim yn gweld mai merch wyt ti,
ac nid dyn, heb fod genti ddigon o nerth
i wynebu dy wrthwynebwyr.
Mae hi ar i fyny ganddyn nhw o ddydd i ddydd,
ond mae'n lwc ni'n gwaethygu 1000
ac yn mynd yn ddim.
Pwy allai gynllunio i ymgodymu
â gelyn mor llwyddiannus,
a dianc o'r fagl yn ddi-boen?
Cymer ofal.
Pe clywai rhywun dy eiriau di,
fe âi hi eto o ddrwg i waeth arnon ni.
'Fyddai fawr o fantais ennill clod a bri, 1005
ac yna marw dan waradwydd.
Ac nid marw yw'r peth chwerwaf a ellir,
ond dyheu am farw,
ac eto methu cael y fendith honno.
Rwy'n deisyf arnat, cyn inni ddifetha ein hunain,
a diffeithio, ie, dileu ein llinach yn llwyr, 1010
rho'r gorau i'r dymer ddrwg yma.
Mi ofala i, er dy les, am beidio â sôn dim oll
am yr hyn rwyt ti wedi ei ddweud.

44

Da di, myn ddeall mewn pryd,
am unwaith o leia, i ildio,
a thithau'n ddiymadferth,
i'r pwerau sydd ohoni.

CÔR:

Ie, gwrando, Electra! 1015
Ni roddwyd i ddynion rodd amgenach
na phwyll a doethineb.

ELECTRA (*Wrth Chrusothemis*):

Nid peth annisgwyl yw dy eiriau.
Mi wyddwn yn iawn cyn imi ddweud dim
y byddet ti'n bwrw fy nghynllun o'r neilltu.
Felly, heb gymorth neb, ac ar fy mhen fy hun,
y gwneir hyn, oherwydd adawa i ddim
i'r peth fynd heb ei gyflawni. 1020

CHRUSOTHEMIS:

Rarswyd! Mae'n resyn nad dyna oedd dy fwriad
y diwrnod y bu farw ein tad.
'Does dim na allet fod wedi ei gyflawni'r pryd hynny.

ELECTRA:

Roedd y cnawd yn barod, ond yr ysbryd yn wan.

CHRUSOTHEMIS:

Ceisia ymarfer ag ysbryd o'r un fath
dros weddill dy oes.

ELECTRA:

Mae dy gyngor felly'n golygu gwrthod helpu? 1025

CHRUSOTHEMIS:

Ydyw, oherwydd trychineb, mae'n eglur i mi,
fydd diwedd y fenter.

ELECTRA:

Wel, rwy'n edmygu dy gallineb,
ond rwy'n ffieiddio dy gachgïeidd-dra.

CHRUSOTHEMIS:

Mi fydda i'n barod i wynebu'r fenter hefyd
pan fyddi di'n siarad yn dda amdana i.

ELECTRA:
'Chei di ddim dy osod dan brofedigaeth o'r fath gen i.

CHRUSOTHEMIS:
Cawn weld. Amser a ddengys. 1030

ELECTRA:
Dos! 'Dwyt ti ddim o unrhyw help i mi.

CHRUSOTHEMIS:
Nid felly y mae hi.
'Does gen ti ddim awydd i wrando.

ELECTRA:
Dos at dy fam.
Dwed y cwbl wrthi hi.

CHRUSOTHEMIS:
'Dyw fy nghas atat ti ddim cymaint â hynny.

ELECTRA:
Rwyt ti'n sylweddoli faint rwyt ti'n 1035
fy nianrhydeddu.

CHRUSOTHEMIS:
Dy ddianrhydeddu!
Na, rwy'n ceisio dy arbed di.

ELECTRA:
A wyf i i gydymffurfio â dy syniad di
o beth sy'n iawn?

CHRUSOTHEMIS:
Pan fyddi'n ddigon call,
y pryd hynny cei arwain y ddwy ohonon ni.

ELECTRA:
Peth enbyd yw arfer iaith yn fedrus
i draethu pethau sy'n methu'r nod.

CHRUSOTHEMIS:
Dyna nodi'n union sut rwyt ti'n methu. 1040

ELECTRA:
Sut? Wyt ti'n tybio nad yw'n achos i'n gyfiawn?

CHRUSOTHEMIS:
Na, ond mae hyd yn oed cyfiawnder weithiau'n
gallu peri niwed.

46

ELECTRA:
    'Dydw i ddim yn dymuno byw
    yn unol â'r egwyddor honno.

CHRUSOTHEMIS:
    Os gwnei di'r peth yma,
    fe ddoi di i addef mai fi oedd yn iawn.

ELECTRA:
    Dyna wna i'n sicr.
    'Dwyt ti ddim yn fy nychryn i o gwbl.   1045

CHRUSOTHEMIS:
    Ai dyna'r gwir?
    'Chymeri di ddim cyngor amgenach?

ELECTRA:
    Na, 'does dim sy'n gasach na chyngor gwael.

CHRUSOTHEMIS:
    'Does gen ti, fe ymddengys,
    fawr o olwg ar yr hyn rwy'n ddweud.

ELECTRA:
    Mae hyn yn hen fwriad gen i,
    ac nid yn beth diweddar.

CHRUSOTHEMIS:
    Mi a i felly. Oherwydd 'elli di ddim goddef   1050
    gwrando arna i, na minnau
    i gytuno â dy ddulliau di.

ELECTRA:
    Dos i mewn, felly. 'Ddilyna i mohonot byth,
    nid hyd yn oed pe bait ti'n dyheu am hynny.
    Dwli i'r eitha yw hela rhithiau disylwedd.

CHRUSOTHEMIS:
    Os wyt ti'n fodlon ar dy ddoethineb dy hun,   1055
    boed felly. Ond pan ddaw drygau ar dy wartha,
    mi fyddi'n falch o 'nghyngor i.

    (*Aiff Chrusothemis i mewn i'r plas.*)
47

Y Stroffe cyntaf:

(*Mae gan adar ofal am y rhieni a'u magodd. Felly y dylai fod
gennym ni yn y gydberthynas deuluol: dylai fod ysbryd cynorthwyo
rhwng rhieni a phlant. Daw barn arnom am esgeuluso'r
ddyletswydd hon. Gelwir ar Agamemnon—hil Atrews—i ymyrryd
o blaid ei blant. Mae'n warth nad yw Agamemnon yn yr Isfyd yn
helpu ei blant.*)

Fe ŵyr adar yr awyr hidio,
yn egin, am eu magu,
a thyner o'u doethineb   1060
i'w rhieni yw eu nodded am eu rhinweddu.
Diau y dylem ninnau dalu'r
ddyled sy'n gymesur â natur ein lles ni.
Yn enw Zews yn y nef,
y mellt a modd
ein trin gan dduwies trefn,
nid hir y bydd cyn y tery barn: 1065
llais i bob cell isod
a êl i'r meirw yn alar mwy—
y sôn wrth Atrews a'i hil,
a'r gŵyn yn stori gwarth.

Yr Antistroffe cyntaf:

(*Mae'r Côr yn atgoffa'r pwerau nefol, yn cynnwys Agamemnon,
nad ydyn nhw'n cynorthwyo Electra.*)

Aed i wron y genadwri: 1070
mae hen aelwyd mwy yn waelach,
a chas, nid serch, rhwng ei merched.
Un, Electra, yn unig
sy'n alarnad, wedi ei gadael
ar dwf dygyfor y don: 1075
eos a'i hiraeth yn anghysurol.
Ni waeth ganddi anghwrteisi'r tŷ.

Mae'n anystyriol o farwolaeth,
er mwyn gallu gwaredu'r adeg
o ddau gymar hen gynddaredd.*
Ai'n ddiau ar y ddaear
yr enwir ymhlith y breiniol
un lân sy'n ail i hon?   1080

Yr ail Stroffe:

(*Mae ymlyniad Electra wrth werthoedd bonheddig yn ddaioni, ond mae'r Côr yn amau doethineb ei hymddygiad presennol.*)

Ni fyn neb o'r mwyaf nobl
roi nod wael ar enw da,
yna gwarth i ganlyn yn ei gwrs.
Yr un modd am dy ran mwy:
'Waeth gennyt wawd.
Galaru gyda'r galarwyr   1085
yw dy ddewis ran:
dewr arf yn erbyn y drwg,
nid i hel dwy wobr—
y ddawn i weithredu'n ddoeth
a hefyd yn ddaionus.—Gwell gennyd ddaioni.

Yr ail Antistroffe:

(*Mae'r Côr yn dymuno i Electra gael byw'n ddiogel a ffyniannus. Er gwaetha ei thrueni bu hi ar y blaen yn ei ffyddlondeb i Zews.*)

O na bai bywyd   1090
iti'n fwyn, dy deithi ar i fyny,
dy oes yn debyg i dŵr
a'th graig yn gyfoeth a grym!
Ac nid, fel dy olwg nawr,
yn drist, fel un dan draed.
Nid oedd un dynged o ddaioni

---

* *Hynny yw, cael gwared o Clutaimnestra ac Aigisthos.*

a ddôi ar lwybr dy ddydd;
âi'n ddifai dy afael yn y deddfau dwyfol,   1095
a chadw a wnaet barchedig
ofn eto a sêl ddwfn at Zews.

Y TRYDYDD DIALOG (*Y TRYDYDD EPEISODION*)

1098-1383

(*Daw Orestes a Pulades i'r golwg a dau was, ac un o'r rhain yn cario wrn claddedigaeth. Os na bydd dau was, gall Pulades gario'r wrn. Mae Orestes yn holi'r Côr am y ffordd.*)

ORESTES:
Os gwelwch chi'n dda, wragedd,
a ydym ni wedi'n cyfeirio'n gywir
i ben ein taith?

CÔR:
Beth rwyt ti'n ei geisio,   1100
a beth yw dy ddymuniad?

ORESTES:
Rwy'n ceisio ers tro gael hyd i'r lle
y mae Aigisthos yn byw.

CÔR:
Rwyt ti wedi cael hyd iddo.
Mi gest dy gyfarwyddo'n ddi-fai.

ORESTES:
A ddywed un ohonoch chi wrth y rhai y tu mewn
fod ymwelwyr hirddisgwyliedig wedi cyrraedd?

CÔR:
Y ferch yma, y berthynas agosaf,   1105
fe wnaiff hi hynny.

ORESTES (*Wrth Electra*):
Madam, dos a dywed fod ymwelydd arbennig
wedi dod o Phocis i geisio Aigisthos.

ELECTRA:
Ofnadwy! 'Dych chi ddim yma â phraw agored
o'r newyddion rydym newydd eu clywed?

ORESTES:
    'Wn i ddim pa sôn glywaist ti;   1110
    mae fy neges oddi wrth Stroffios hen,
    ac y mae ynghylch Orestes.
ELECTRA:
    Sôn am beth, gyfaill?
    Mae rhyw ofn yn cerdded drwyddo i.
ORESTES:
    Rydym yn dwyn yn yr wrn bychan yma
    ei weddillion, fel y gweli.
ELECTRA:
    Druan ohono i! Mae'n eglur;   1115
    dyma faich fy ngwaeau yn eich dwylo.
ORESTES:
    Os wyt ti'n wylo dros Orestes a'i anffawd,
    wel, dyma ei lwch yn wir yn y blwch yma.
ELECTRA:
    Gyfaill, os yw'r blwch yma'n dal ei lwch,
    gad imi, yn enw Duw, ei gymryd yn fy nwylo,   1120
    er mwyn imi wylo'n chwerw dost,
    nid dros y llwch yn unig, ond drosof fy hun
    a'r holl dŷ yma'r un pryd.
ORESTES (*Wrth ei weision*):
    Dewch ag e iddi, a gadewch iddi ei ddal,
    pwy bynnag yw hi.
    'Does ganddi ddim bwriad gwael
    wrth ofyn amdano; cyfaill yw hi,
    mae'n siŵr, neu berthynas gwaed.   1125
    (*Rhoddir yr wrn i Electra.*)
ELECTRA:
    Dyma weddillion y gŵr a garwn fwyaf—
    Orestes.—Hyn i gofio am dy fywyd!—
    Roeddwn i'n llawn gobeithion
    pan anfonais di ymaith,—
    ond dy dderbyn yn ôl fel hyn!
    Rwy'n dy ddal yn fy nwylo—yn ddim ond llwch,

yn blentyn mor annwyl adeg y canu'n iach iti. 1130
O na fuaswn wedi marw
cyn dy anfon i ffwrdd i wlad arall,—
dy achub trwy dy gipio
rhag iti gael dy lofruddio!
Gallet fod wedi marw'r diwrnod hwnnw
a chael gorwedd gyda dy dad ym medd dy hynafiaid. 1135
Ond yn lle hynny marw ymhell oddi cartref,
yn alltud mewn gwlad ddieithr,—
marwolaeth greulon, ymhell oddi wrth dy chwaer.
Druan ohono i, heb allu â dwylo cariadus
olchi dy gorff a'i ddiweddu,
na chodi dy esgyrn truenus,
fel y mynnwn, o fflamau'r tân. 1140
Fe wnaed y defodau olaf, ysywaeth,
trwy ddwylo dieithr,
a dyma dy lwch yn ôl yma bellach—
y baich mewn potyn bychan.
    Ofnadwy o beth! Aeth fy nhendio arnat gynt
yn ddi-fudd, minnau wrthi'n gweini arnat,
a'r llafur yn felys,
oherwydd nid plentyn dy fam oeddet erioed, 1145
ond fy nghariad bach i.
'Doedd neb yn y tŷ yma'n gofalu amdanat ti,
ond fi,
ac fe fyddet o hyd yn fy ngalw 'fy chwaer i.'
Ond nawr diflannodd hyn i gyd mewn diwrnod.
Rwy'n farw gyda dy farw di,—
y corwynt a ddaeth i ddiffeithio pob peth: 1150
ein tad wedi marw,
a minnau'n marw yn dy farwolaeth di.
Tydi'n farw, wedi mynd i ffordd yr holl ddaear.
Mae ein gelynion yn chwerthin nawr;
mae ein mam nad yw'n fam
yn colli arni ei hun gan orfoledd.
Byddet ti'n fynych yn anfon negeseuon ataf

yn ddirgel, yn dweud   1155
y byddet ti dy hun yn ymddangos i ddial arni.
Ond ffawd adwythig,
dy ffawd di a minnau,—
fe chwalodd y cyfan,
ac yn lle fy mrawd annwyl a garwn gymaint
anfonwyd lludw ataf
a chysgod anfuddiol.
    Druan ohono i!   1160
Gweddillion celain druenus! Och!
Yr ofnadwyedd mwyaf! Och!
Fy un annwyl,
anfonwyd angau i gerdded y llwybr gerddaist ti.
Difethwyd fi.
Fy mrawd anwylaf,
difethwyd fi.
    Cymer fi i'th siambr olaf yma,   1165
cysgod at gysgod,
imi allu trigo gyda thi isod am byth,
oherwydd yma ar y ddaear
roedden ni'n rhannu â'n gilydd yn gyfartal,
a nawr fy nymuniad yw marw,
heb, gyda dy gladdu, fy ngadael ar ôl.
Gyda'r meirw nid oes galar mwy.   1170

CÔR:
Ystyria, Electra, merch i dad meidrol wyt ti;
meidrol oedd Orestes yntau hefyd.
Dyled yw marw y mae'n rhaid i bawb ohonom ei thalu;
felly paid ag wylo gormod.

ORESTES:
Yn wir i chi, beth ddyweda i,
lle mae geiriau'n methu?
Oherwydd 'does genni mo'r nerth bellach
i atal fy nhafod.   1175

ELECTRA:
Pa bryder sy wedi dod drosot ti,

53

a thithau'n siarad fel hyn?

ORESTES:

Onid gweld yr enwog Electra rwyf i?

ELECTRA:

Ie, dyma hi, ac mewn stad bur druenus.

ORESTES:

Ofnadwy! Cymaint dy drychineb!

ELECTRA:

Ai gofid droso' i sy'n dy boeni di? 1180

ORESTES:

O harddwch dan waradwydd a chabl y duwiau!

ELECTRA:

Dan gabl, gyfaill.
—Nid gair anghywir o gwbl amdana i.

ORESTES:

Och!
Wedi dy dynghedu i fywyd dibriod a chaled.

ELECTRA:

Pam rwyt ti, a thithau'n ddieithryn,
yn edrych arna i mor ofidus?

ORESTES:

Cyn lleied y gwyddwn hyd yma 1185
am fy anffodion fy hun.

ELECTRA:

A ddangoswyd hyn trwy ryw eiriau gen i?

ORESTES:

Trwy dy weld yn dy aml ddoluriau amlwg.

ELECTRA:

Ac eto dim ond ychydig o 'ngwaeau a weli.

ORESTES:

Sut y gallai fod rhagor o waeau i'w gweld?

ELECTRA:

Mae hynny oherwydd fy rhan i 1190
yw cyd-fyw gyda llofruddion.

ORESTES:

Llofruddion pwy?

54

Pa ddrwg rwyt ti'n cyfeirio ato?

ELECTRA:
Llofruddiaeth fy nhad, a minnau'n gaethes
i ganlyn hynny trwy rym.

ORESTES:
Pwy yw'r rhain sy'n rhoi'r fath orfodaeth arnat ti?

ELECTRA:
Fy mam, fel y gelwir hi,
ond mam mewn enw'n unig.

ORESTES:
Sut y bydd hi wrthi?
Dy daro di, ynte gwneud dy fywyd yn boen?   1195

ELECTRA:
Fy nharo i a 'ngormesu,
ac ym mhob dull o ran hynny.

ORESTES:
'Does na neb i dy helpu di,
neu'n atal ei llaw?

ELECTRA:
Nac oes, wrth reswm.
Yr oedd un,
yr un rwyt ti wedi rhoi ei lwch yn fy nwylo.

ORESTES:
Druan ohonot. Mae dy olwg
yn gwneud imi dosturio wrthyt.

ELECTRA:
Ti yw'r unig un, gelli fod yn siŵr,   1200
sydd wedi tosturio wrthyf erioed.

ORESTES:
Fi yw'r unig un sydd wedi dod,—
un yn rhannu'r un gwae â thi.

ELECTRA:
Ai rhyw berthynas wyt ti,
wedi dod yma o rywle?

55

ORESTES:

Os yw'r rhain sy'n gwrando'n gyfeillion,
mi allwn dy ateb di.

ELECTRA:

Ie, cyfeillion ydyn nhw;
felly fe elli siarad yn hyderus.

ORESTES:

Rho'r wrn yma'n ôl imi,   1205
wedyn mi ddyweda i'r cyfan wrthyt.

ELECTRA:

Na, gyfaill, er mwyn Duw,
paid â gofyn imi wneud hyn.

ORESTES:

Gwna fel rwy'n dweud,
a 'fydd hi ddim yn edifar genti.
(*Mae Orestes yn ceisio cymryd yr wrn oddi arni.*)

ELECTRA:

Na, myn dy farf, paid â dwyn oddi arna' i
y peth anwyla' sy genni.

ORESTES:

'Alla i ddim caniatáu hyn.

ELECTRA:

Gwae fi, a gwae i tithau, Orestes,   1210
os ca i fy amddifadu
o'm rhan i yn dy gladdu.

ORESTES:

Atal dy eiriau!
Nid yw'n iawn iti alaru.

ELECTRA:

Dim hawl i alaru—
ar ôl brawd sy wedi marw?

ORESTES:

'Dyw hi ddim yn iawn
iti sôn amdano yn y dull yma.

ELECTRA:

Beth, a yw'r marw yn fy niarddel?

ORESTES:

'Does neb yn dy ddiarddel di. 1215

'Does dim angen iti alaru.

ELECTRA:

Peidio â galaru,

a minnau'n dal llwch Orestes yn fy nwylo?

ORESTES:

Cogio roedden ni.

Nid llwch Orestes sy genti fan'na.

(*Mae Electra yn rhoi'r wrn yn ôl i Orestes.*)

ELECTRA:

Ymhle, felly, y mae bedd fy mrawd annedwydd?

ORESTES:

'Does dim bedd.

'Does dim bedd i'r byw.

ELECTRA:

'Ngwas i, beth rwyt ti'n ddweud?

ORESTES:

'Dwy'n dweud dim sy'n dwyll. 1220

ELECTRA:

Mae e'n fyw, felly?

ORESTES:

Cyn wired â 'mod i'n fyw.

ELECTRA:

Pam? Ai ti yw e?

ORESTES:

Edrych ar y sêl-fodrwy yma.

Ein tad oedd biau hi.

Edrych hi i weld a wyf i'n dweud y gwir.

(*Mae Electra yn syrthio i freichiau Orestes yn llawn llawenydd
wrth ei adnabod.*)

ELECTRA:

Dyma'r diwrnod dedwyddaf!

ORESTES:

Ie, o'r dedwyddwch mwyaf.

Rwy'n dyst i hynny gyda thi.

57

ELECTRA:

Croeso i dy lais di. 1225

ORESTES:

Paid â cheisio tyst arall.

ELECTRA:

Gad imi dy ddal yn fy mreichiau.

ORESTES:

Ie, fy nal i am byth.

ELECTRA:

Wragedd annwyl, merched y wlad hon,
dyma Orestes oedd yn cymryd arno ei fod e'n farw,
a thrwy ffugio drachefn
mae e yma'n fyw ac yn iach.

CÔR:

Ie, 'merch i, rydyn ni'n ei weld, 1230
ac mae'r digwyddiad annisgwyl yma'n
llethu ein llygaid â dagrau.

ELECTRA:

O fab, y mab anwylaf i mi, newydd gyrraedd,
wedi ei gael, wedi dod, wedi ei weld,—
mab fy hiraeth. 1235

ORESTES:

Ydw. Rwyf i yma,
ond gwell fydd cadw'n ddistaw am ysbaid.

ELECTRA:

Pam distaw?

ORESTES:

Ie'n ddistaw,
rhag ofn i rywun yn y tŷ glywed.

ELECTRA:

Clywed?
Myn Artemis, y forwyn fythol wyry,
'fydd genni fyth ofn 1240
y baich diwerth o wreictod
sy'n aros o hyd o'i fewn.

ORESTES:

    Ond mae ysbryd rhyfel, wyddost,
    ym mynwes gwragedd hyd yn oed.
    Mae gen ti reswm da dros wybod hynny.

ELECTRA:

    Gwae ar wae!   1245
    Rwyt ti'n dwyn i gof y dolur gwreiddiol
    a gynyddodd gymaint yn ein plith ni,
    fel na all cwmwl na dim arall chwaith
    ei guddio na'i ddileu byth.   1250

ORESTES:

    Ie, gwn hynny.
    Ond pan ddaw'r adeg i lefaru
    mi fydd yn iawn inni ddwyn y digwyddiadau hynny i gof.

ELECTRA:

    Pob adeg, o'm rhan i;
    bydd pob amser yn briodol i sôn am a fu,
    a'r sôn yn beth cyfiawn, oherwydd o'r braidd   1255
    yr ateliais fy nhafod rhag bod yn rhydd.

ORESTES:

    Ie, rwy'n cytuno.
    Gofala am ddal ati felly.

ELECTRA:

    Dal ati sut?

ORESTES:

    Peidio â dymuno dal i siarad cyn yr adeg briodol.

ELECTRA:

    Ond pwy na roddai leferydd yn gyfnewid am ddistawrwydd
    bellach,   1260
    wedi cael dy weld di'n ôl yma mor annisgwyl,
    ac yn groes i bob gobaith?

ORESTES:

    Fe roddwyd iti weld hynny
    pan gyffrodd y duwiau fi
    i droi am adref.

ELECTRA:

Ar i fyny. 1265
Os oes rhyw dduw wedi dy arwain
yn ôl i'n tŷ ni, mae hynny'n ras
uwchlaw pob dim a gafwyd o'r blaen.
I mi mae hyn yn arwydd o law'r nefoedd. 1270

ORESTES:

'Fynnwn i ddim llesteirio dy lawenydd,
ond mae dangos gormod o fwynhad
yn codi ofn arna i.

ELECTRA:

Na, na! Wedi'r holl amser yma
mae dy ddychweliad yn galw am fod yn llawen.
Na, paid byth,—a thithau'n gweld fy nhrueni 1275

ORESTES:

Beth rwyt ti'n dymuno imi beidio â'i wneud?

ELECTRA:

Paid â gadael imi gael fy amddifadu
o'r pleser o weld gwedd dy wyneb.

ORESTES:

Pe bai rhywun yn rhoi cynnig arni,
fe gâi brofi fy nigofaint.

ELECTRA:

Rwyt ti'n dweud y gwir, felly?

ORESTES:

Wrth reswm fy mod i. 1280

ELECTRA (*Wrth y Côr*):

Gyfeillion, dyma lais
nad oeddwn i'n gobeithio ei glywed byth eto.
Sut y gallwn i ei glywed,
wedi'r tristwch, a chadw'n fud?
(*Wrth Orestes*)
Ond rwyt ti gyda mi, 1285
a'r olwg ar dy wyneb annwyl.
'Allwn i byth anghofio hwnnw
hyd yn oed yng nghanol trychinebau.

ORESTES:

Paid ag arfer geiriau dianghenraid nawr,—
hanes drygau ein mam ni,
na sut y mae hoffter Aigisthos o foethusrwydd,   1290
a'i wastraff ofer,
yn disbyddu eiddo tŷ ein tad.
'Does gennym ddim amser i amlhau geiriau.
Y peth cymwys inni'r foment yma
yw penderfynu ym mhle i ddangos ein hunain,
neu i guddio,
neu pa ffordd arall
i roi pen ar wawd ein gelynion;   1295
a phan awn i mewn i'r tŷ
rhaid i'n mam ni beidio â sylwi
ar y wên ar dy wyneb.
Gwell iti ddal i wylo o hyd
dros fy marwolaeth honedig.
Pan fyddwn ni wedi llwyddo,
yna'r pryd hynny y byddwn ni at ein rhyddid
i lawenhau ac i chwerthin.   1300

ELECTRA:

Ie, 'ngwas i,
dy fwyniant di fydd fy mwyniant innau,
gan fod fy mhleser i wedi dod drwot ti,
ac nid o'm hachos i.
'Fuaswn i ddim yn dwyn rhwystr arnat ti,
fodd yn y byd,
er mwyn ennill budd mawr i mi fy hun.   1305
'Allwn i ddim mynd yn groes i'r daioni
sy'n gweithio drosot ti nawr.
    Fe wyddost, mae'n debyg gen i,
sut y mae pethau yma.
Clywaist fod Aigisthos oddi cartre;
mam yn unig sydd yn y tŷ,
a 'does dim rhaid iti ofni
y gwêl hi fy wyneb yn olau gan wenau: 1310

61

mae fy hen gasineb wedi suddo'n rhy ddwfn yno' i.
Er pan welais i di,
rwyf i wedi wylo o lawenydd pur,
ac rwy'n dal i wylo,
oherwydd sut y galla i ymatal,
a minnau ar yr un adeg
wedi dy weld yn farw ac yn fyw?
Mae'r effaith arna i'n annirnadwy.   1315
Pe bai nhad yn ymddangos nawr,
nid synio mai gweld rhywbeth goruwchnaturiol
wnawn i,
ond credu mod i'n ei weld e'n fyw.
A dyma ti wedi dod mewn ffordd ryfedd;
felly arwain fi fel y mynni,
oherwydd pe bawn wedi fy ngadael ar fy mhen fy hun,
byddai un o ddau beth wedi digwydd imi—   1320
fy achub fy hun yn anrhydeddus,
neu farw gydag anrhydedd.

ORESTES:
Ust, ust! Rwy'n clywed rhywun
ar fin dod allan o'r tŷ.

ELECTRA (*Wrth Orestes a Pulades*):
Ewch i mewn, gyfeillion.
Mae 'na groeso ichi.
Er na fydd wrth eu bodd nhw,
'wrthodan nhw sy yn y tŷ ddim o'ch rhodd chi.   1325

(*Daw'r Hyfforddwr allan o'r plas.*)

HYFFORDDWR:
Y ffyliaid gwirion, chi'r ddau dwpsyn,
ydych chi wedi alaru ar fywyd,
neu a ydych chi'n rhy fyr o synnwyr cyffredin
i sylweddoli ein bod yn sefyll,   1330
nid yn ymyl y peryglon mwyaf enbyd,
ond yn eu canol nhw?
Oni bai mod i wedi para i wylio,

fel mae'n digwydd, wrth y drysau yma,
mi fyddai'ch cynlluniau chi
wedi llithro i mewn i'r tŷ
cyn ichi ddod i mewn eich hunain.
Ond trwy lwc mae 'ngofal i
wedi arbed yr anffawd yma.
Mae'n hen bryd bellach   1335
ichi ddod â'r holl siarad yma i ben,
a'ch gorfoledd anniwall chi,
a dod i mewn.
Peth enbyd yw oedi mewn achos fel hyn.
Nawr amdani, neu ddim.

ORESTES:

Sut y bydd pethau wedi mynd i mewn?

HYFFORDDWR:

Mi fydd hi'n iawn,
oherwydd mae iti'r fantais yma   1340
nad oes neb yn dy nabod di.

ORESTES:

Rwyt ti wedi cyhoeddi, rwy'n coelio,
fy mod i wedi marw.

HYFFORDDWR:

Maen nhw'n siarad amdanat ti
fel un o'r meirw.

ORESTES:

Beth maen nhw'n ei ddweud?
A ydyn nhw'n falch oherwydd hynny?

HYFFORDDWR:

Mi ddyweda i hyn wrthyt pan fydd popeth drosodd.
Hyd yn hyn mae popeth, da neu ddrwg, fel y bo,   1345
cystal â'r disgwyl.

ELECTRA:

'Ngwas i, pwy yw hwn, dwed?
Pwy yn y byd?

ORESTES:

Wyddost ti ddim?

ELECTRA:
Na, 'does genni ddim amcan.

ORESTES:
'Dwyt ti ddim yn nabod y dyn
y rhoist ti fi unwaith yn ei ddwylo?

ELECTRA:
Dwylo pwy? Pwy rwyt ti'n feddwl?

ORESTES:
Y dyn y danfonaist fi, yn dy ragfeddwl,   1350
ymaith i wlad Phocis gynt yn ei ddwylo.

ELECTRA:
Ai dyma'r dyn, pan laddwyd nhad,
oedd yr unig un ffyddlon
ges i ymhlith pawb oedd yno.

ORESTES:
Ie, dyma'r dyn. A dyna ddigon.
'Does dim angen holi rhagor.

ELECTRA:
Dyma'r diwrnod dedwyddaf!
   Unig waredwr tŷ Agamemnon,—   1355
a oes dichon dy fod wedi dod yma?
Ai ti yw'r gŵr sydd wedi ein hachub,
fy mrawd a minnau, oddi wrth ddrygau lu?
O'r dwylo anwylaf! Negesydd a'th draed
yn dwyn y newyddion melysaf,
sut y gallet ti fod yma gyhyd
heb imi dy adnabod,
ond yn hytrach fy narn-ladd â straeon dychrynllyd,   1360
a chuddio'r gwirionedd melys?
Henffych, fy nhad! Henffych!
Oherwydd fel tad, mae'n debyg gen i,
rwyf yn dy weld di.
Mi alla i ddweud hyn: 'dydw i ddim yn amau
nad wyf i yn yr un diwrnod wedi casáu gŵr
na'i garu gymaint â thi.

HYFFORDDWR:
Dyna ddigon, mi greda i.
Daw nosau a dyddiau lawer   1365
yn eu cylchdro, Electra,
inni allu adrodd yr hanes iti i gyd.
(*Wrth Orestes a Pulades.*)
Ond siarad yn blaen â chi'ch dau
sy'n sefyllian fan hyn sy raid.
Nawr yw'r amser i weithredu.
Mae Clutaimnestra ar ei phen ei hun nawr.
'Does yr un dyn i mewn yno nawr.
Os oedi wnewch chi nawr,
bydd raid ichi fod ar eich gwyliadwriaeth,
oherwydd nid yn erbyn gwylwyr cyfrwys
y bydd yn rhaid ichi ymladd,   1370
ond yn erbyn gelynion lluosocach.

ORESTES:
Pulades,
'does dim rhagor o amser gennym i siarad.
I mewn at y dasg ar ein hunion.
Ond cyn mynd i mewn
cyfarchwn dduwiau fy nhad
sy'n gwarchod cyntedd y plas.   1375

(*Mae Orestes a Pulades yn cyfarch y duwiau wrth borth y plas,
gan ragdybio y byddan nhw'n hyrwyddo'r gwaith y maen nhw ar
fin ei gyflawni. Yna ânt i mewn i'r plas, ac mae Electra yn
penlinio wrth gerfddelw o Apolon, ac yn gweddïo.*)

ELECTRA:
Arglwydd Apolon,
gwrando'n rasusol arnyn nhw ac arna i,
minnau a fu'n ddiwyd yn gosod â 'nwylo
hynny a allwn wrth dy gerfddelw di.
A nawr, f'Arglwydd Apolon,
rwy'n deisyf yn ostyngedig, yn erfyn yn ddwys,   1380
am dy gymorth i wireddu'r amcanion hyn,

fel y gelli ddangos i ddynion y gosbedigaeth
y bydd y duwiau'n ei dwyn ar annuwioldeb.

(*Mae'n codi ac yn mynd i mewn i'r plas, a gadael y Côr ar ôl i
ddatgan y trydydd Stasimon.*)

Y TRYDYDD CORAWD (Y TRYDYDD STASIMON) 1384-1397

(*Mae'r Côr yn myfyrio ar weithred y dial sydd ar fin digwydd.*)

Stroffe:

O gam
      i gam,
            yn chwantu gwaed
hen gynhennau,
yn sicr y daw Ares ei hun.   1385
Mae'r helwyr yma ar yr aelwyd
a'u cŵn wedi eu cynnull
i redeg ar ddrwgweithredwyr:
Dialydd y meirw a fydd mwy
â'i wedd o flaen fy meddwl.   1390

Antistroffe:

I'r hiniog yr arweinir nawr y Dialydd hwn
yn astrus ei gyfrwysdroed,
a moddau ei ffyniant yn amddiffynnydd.
Lle bu trem Agamemnon,
i'w neuadd y daw a'i nodded ef,
hynafol ei chyfoeth,
a daw â llaw yn waed ei llun.
Ar y maes a'i hynt y mae Hermes yntau,
mab Maia ei hun, yn ei dywys hyd y diwedd,   1395
yna'r boen o'r disgwyl ar ben.

EXODOS 1398-1510

(*Daw Electra allan o'r plas. Yna clywir gwaeddau Clutaimnestra,
ac yn fuan wedyn daw Orestes a Pulades allan yn cyhoeddi fod*

gweithred y dial wedi ei chyflawni. Gyda hyn dychwelant i'r plas,
tra bydd Electra yn aros ar ôl i ddisgwyl Aigisthos. Fe ddaw, ac
fe'i lleddir ef yn yr union fan lle y lladdwyd Agamemnon.)

ELECTRA:

Wragedd annwyl, yn fuan nawr
bydd y gwŷr yn gorffen eu tasg.
Arhoswn yn ddistaw.

CÔR:

Pa dasg? Beth y maen nhw am ei wneud?

ELECTRA:

Mae hi'n tecáu'r wrn ar gyfer ei gladdu,   1400
ac mae'r ddau yn sefyll yn ymyl.

CÔR:

A thithau, pam y prysuraist ti allan?

ELECTRA:

I wylio, rhag ofn i Aigisthos achub y blaen
arnon ni'n annisgwyl.
(*Ysbaid o ddistawrwydd. Yna clywir llais Clutaimnestra.*)

CLUTAIMNESTRA (*Yn y plas, yn sgrechian*):

Help! Help! Gwae y tŷ yma,
yn wag o gyfeillion.
Llofruddiaeth sydd wrthi.   1405

ELECTRA:

Cri o'r tu mewn.
Gyfeillion, ydych chi'n clywed?

CÔR:

Ydw, rwy'n clywed, ac rwy'n crynu gan arswyd.

CLUTAIMNESTRA:

Och! Aigisthos, ymhle rwyt ti?

ELECTRA:

Clywch! Cri unwaith eto.

CLUTAIMNESTRA:

Fy mab, fy mhlentyn, tosturia wrth dy fam!   1410

ELECTRA (*Yn gweiddi trwy'r drysau caeëdig.*)

'Doedd genti ddim tosturi ato fe,
nac at y tad genhedlodd e.

67

CÔR:

    Teyrnas a theulu adfydus,
    y ffawd a fu'n boen o ddydd i ddydd,
    mae'n dirwyn i'r pen.

CLUTAIMNESTRA:

    Och! Rwyf wedi fy nharo.   1415

ELECTRA:

    Taro, os gelli, eto ac eto.

CLUTAIMNESTRA:

    Gwae, gwae fi!

ELECTRA:

    O na fyddai hynny'n wae Aigisthos hefyd!

CÔR:

    Daeth y melltithion,
    a byw yw claddedigion y bedd.
    Y llanw a droes, ac mae'r lli'n drai: 1420
    mae'r gwaed o'r meirw gynt
    yn dileu'r dilëwyr.
    (*Daw Orestes a Pulades allan o'r plas. Mae cleddyf yn llaw*
    Orestes yn diferu gan waed Clutaimnestra.)
    Dyma nhw yma nawr
    a llun eu llaw'n goch gan y gwaed
    o'u haberth llafar i Ares.—
    Ni fynnaf i fy hun feio.

ELECTRA:

    Sut 'r aeth hi, Orestes?

ORESTES:

    Mae popeth yn iawn yn y tŷ,   1425
    os yw oracl Apolon yn iawn.

ELECTRA:

    A yw'r wraig resynus wedi marw?

ORESTES:

    'Fydd arnat ddim angen ofni trahauster
    dy fam a'i hamarch fyth mwy.

CÔR:

    Da chi! Cymerwch ofal!

Rwy'n gweld Aigisthos yn y golwg.

ELECTRA:

'Ngweision i, ewch nôl i'r tŷ.

ORESTES:

Ymhle rych chi'n gweld y dyn? 1430

ELECTRA:

Ar ei ffordd o'r cyrion,
ac mae'r olwg arno'n llawn llawenydd.
Bydd yma'n union—yn ein gafael.

CÔR:

Nôl â chi i'r tŷ cyn gynted ag y medrwch.
Rych chi wedi gwneud yn dda hyd yma;
gwnewch gystal â hynny eto.

ORESTES:

Fe wnawn, 'does rhaid ichi ofni.

ELECTRA:

Rho dy fryd ar frysio. Dos! 1435

ORESTES:

Dyma fi wedi mynd.

ELECTRA:

Gad y fan yma i mi.

(*Aiff Orestes a Pulades yn ôl i'r plas. Mae Aigisthos yn nesáu.*)

CÔR:

Byddai'n burion o beth
dweud gair caredig yng nghlust y dyn
iddo gael ei ddenu heb amau dim 1440
i'r ornest gyfiawn â'i dynged.

(*Daw Aigisthos ar frys, gan annerch y Côr, ac yna Electra yn arbennig.*)

AIGISTHOS:

All rhywun ohonoch chi ddweud
ble y mae'r dieithriaid o Phocis
sydd wedi dod â'r newydd fod Orestes
wedi colli ei fywyd mewn chwalfa siaredau?
(*Yn troi at Electra.*)

A thithau, rwy'n dy holi di, ie, ti   1445
oedd yn yr amser a fu yn gymaint o ffrwmpen.
Mae a wnelo â thi'n arbennig, gallwn i feddwl;
a thi'n ddiau, fel y mwya hysbys,
all ddweud beth sy'n digwydd.

ELECTRA:

Wrth reswm, mi wn y cyfan.
Sut na allwn i? Mae'n iawn imi wybod
beth sy'n digwydd i 'mherthnasau agosaf.

AIGISTHOS:

Ymhle, felly, y mae'r dieithriaid yma, dwed?   1450

ELECTRA:

Yn y tŷ.
Maen nhw'n cael croeso lletywraig garedig.

AIGISTHOS:

A ddaru nhw sôn mewn gwirionedd am ei farwolaeth?

ELECTRA:

Do, a mwy na sôn yn unig.
Dangoswyd yr un marw inni.

(*Mae Aigisthos yn disgwyl gweld corff Orestes.*)

AIGISTHOS:

Oes modd imi weld y corff droso' fy hun,
er mwyn imi gael bod yn sicr?

ELECTRA:

Oes, mae'n siŵr; ond mae'n olygfa   1455
'fyddai neb yn chwennych ei gweld.

AIGISTHOS:

Rwyt ti'n rhoi newydd da imi
sy'n beth anarferol i ti.

ELECTRA:

Pob llawenydd iti,
os oes llawenydd iti yn y peth yma.

AIGISTHOS:

Gosteg bawb! Agorwch y pyrth i'r pen,
fel y gall Micenai i gyd a holl Argos

weld yr olygfa yma.
Os oes 'na rywun cyn hyn wedi ei gyffroi   1460
gan wag obeithion o achos y dyn hwn,
derbynied fy iau mewn pryd,
wrth ei weld e nawr yn farw gelain,
heb aros am fy ngherydd i ddysgu doethineb iddo.

ELECTRA:
Rwyf i wedi dysgu'r wers honno'n barod.
Mae amser wedi dangos imi
mai'r peth doetha yw cydsynio
â'r rheini sydd â'r nerth ganddyn nhw.   1465

(*Mae Electra yn agor drysau'r plas led y pen, a daw Orestes a
Pulades i'r golwg yn null dieithriaid o Phocis yn gwthio
eccluclema, a chorff dan orchudd arno.*)

AIGISTHOS:
O Zews, rwy'n gweld y corffyn hwn
na syrthiodd ar wahân i eiddigedd y nef.
Os oes dial am lefaru felly,
fe adawaf y gair heb ei ddweud.
Tynnwch y gorchudd oddi am yr wyneb
imi allu dangos fy ngalar dros berthynas.

ORESTES:
Cod e dy hun.   1470
Nid rhywbeth i mi, ond i ti
yw gweld beth sy'n gorwedd odano,
ac i dalu'r gymwynas ola.

AIGISTHOS:
Ie, ar dy gyngor, mi wnaf.
(*Wrth Electra*) Tithau,—os yw hi yn y tŷ,
galw Clutaimnestra yma.

ORESTES:
Mae hi yn dy ymyl di.
'Does rhaid iti edrych yn unlle arall bellach.
(*Mae Aigisthos yn codi'r gorchudd oddi ar yr wyneb.*)

71

AIGISTHOS:

Rarswyd! Beth yw hyn?

ORESTES:

Beth yw'r ofn yma sydd arnat ti? 1475
A yw'r wyneb yn ddieithr?

AIGISTHOS:

Druan ohono i! Pwy all y rhain fod
y syrthiais i'w rhwyd nhw?

ORESTES:

Sut rwyt ti mor hir yn gweld
fod y meirw rwyt ti'n sôn amdanyn nhw'n fyw.

AIGISTHOS:

Och! Rwy'n deall dy eiriau di nawr. 1480
'Dydw i, felly, ddim yn siarad â neb
ond ag Orestes ei hunan.

ORESTES:

Gweledydd mor ddoeth,
ac wedi ei dwyllo cyhyd.

AIGISTHOS:

Mae hi ar ben arna i,
ond gad imi ddweud gair.

ELECTRA:

'Ngwas i, er mwyn y nef,
paid â gadael iddo fynd ymlaen â'i siarad.
Pan fydd adyn yng ngafael drygau ffawd, 1485
pa les iddo fydd gohirio ei dynged?
Na, lladdwch e'n ddi-oed,
ac wedi ei ladd e, bwriwch ei gelain
i'r torwyr beddi sy'n gweini ar ei fath e,
i'w chladdu o olwg pawb.
I mi dyna'r unig ffordd iddo ddileu'r cof 1490
am yr holl ddrygau gyflawnodd e
yn y gorffennol.

ORESTES (*Wrth Aigisthos.*):

Dos i mewn yno ar frys.
'All geiriau ddim setlo'r mater sy rhyngon ni.

Dim ond dy fywyd wnaiff hynny.

AIGISTHOS:

Pam fy nghyrchu i mewn yno?
Os yw 'nhynged i'n deg,
pa angen tywyllwch sydd?
Oni ellir fy lladd yn y fan yma?

ORESTES:

Nid mater i ti i'w benderfynu yw hynny.   1495
Dos i mewn yno, i'r union fan
lle lleddaist fy nhad.
Rwyt tithau i farw yno.

AIGISTHOS:

A raid i'r tŷ yma weld
holl waeau llinach Pelops
y dydd hwn a rhyw ddydd a ddaw?

ORESTES:

Fe wêl dy wae di.
Fe alla i ragfynegi'r gwae hwnnw'n gywir.

AIGISTHOS:

'Dyw dy fedr fel gweledydd ddim yn deillio o dy dad. 1500

ORESTES:

Rwyt ti'n malu awyr, ac yn lladd amser.
Dos!

AIGISTHOS:

Arwain y ffordd.

ORESTES:

Na, rhaid i ti fynd gynta.

AIGISTHOS:

Rhag ofn imi ddianc?

ORESTES:

Na, gallet ti feddwl am ddewis marwolaeth haws.
Ond rwyf i am ofalu na fydd dy ddioddefaint
fymryn yn llai nag y dylai fod.
   Byddai'n beth da, pe bai'r ddedfryd gyflym hon— 1505
marwolaeth—yn syrthio ar bawb
sy'n troseddu yn erbyn deddf cyfiawnder.

73

Byddai drygau wedyn yn llai aml.

(*Mae Orestes a Pulades yn arwain Aigisthos i mewn ar flaen cleddyf. Caeir drysau porth y plas, ac mae'r Côr yn cloi â sylw crynhous.*)

CÔR:

Had tref Atrews,
bereiddied y llwybr i ryddid,—
anodd â'i laweroedd o ddoluriau;
ond drych gwych o'r trechu yw gweld
hen boenau'n dibennu.   1510

(Mae'r rhifau'n cyfeirio at linellau yn y testun Groeg, ond ni nodir pob cyfeiriad.)

ACHAIAID: Yr enw yn Homer ar y Groegiaid. Groegiaid y cyfnod Micenaiaidd oedden nhw (1400-1200 c.c.). Yn y cyfnod clasurol galwai'r Groegiaid eu gwlad yn Helas a hwythau'n Heleniaid. Credent i'w gwlad unwaith fod ym meddiant tywysogion neu frenhinoedd—Achaiaid, ac mai'r tywysogion hyn a fu'n rhyfela yn erbyn Caerdroia. Yn y cyfeiriad at 'Achaia' yn ll. 701 rhanbarth yng ngogledd y Peloponnesos a olygir.

ACHERON: Merddwr yn Haides—bro'r meirw yn yr Isfyd. Rhaid i eneidiau'r meirw ei groesi. Yn ll. 183 ceir synio am Agamemnon fel "arglwydd wrth Acheron."

ADAR: Sonnir yn ll. 18 am ganiad adar gyda'r wawr. Yn ll. 1058 mae'r Côr yn tynnu sylw at ofal adar o'u rhieni a'u plant, ac yn dal mai felly y dylai fod rhwng rhieni a phlant dynion.

AGAMEMNON: Mab Atréws, brenin Micenai, a brawd Menelaws, brenin Sbarta. Ef oedd arweinydd lluoedd y Groegiaid yn rhyfel deng mlynedd Caerdroia. Pan ddychwelodd i Micenai o'r rhyfel hwnnw, llofruddiwyd ef, yn ôl y ddrama hon, gan ei wraig, y frenhines Clutaimnestra a'i chariad Aigisthos. Yn ôl yr *Oduseia* lladdwyd Agamemnon mewn gwledd. Dywed y dramodydd Aischulos iddo gael ei ladd gan Clutaimnestra yn unig, mewn baddon, a hithau wedi rhoi gŵn drosto a oedd yn rhwystr iddo. Wedi distryw Caerdroia daeth Agamemnon â Casandra, proffwydes a merch y brenin Priaf, yn ôl gydag ef i Micenai. Mae lle amlwg iddi yn y ddrama *Agamemnon* gan Aischulos, ond ni cheir cymaint â'i henwi yn *Electra* Soffocles.

Dialwyd ar y llofruddiaeth yn yr *Electra* gan Orestes, mab Agamemnon, a hynny ar anogaeth y duw Apolon. Lladdodd Orestes y ddau—Clutaimnestra ac Aigisthos yn y plas brenhinol yn Micenai, lladd ei fam yn gyntaf a'r brenin wedyn, yn ôl Soffocles. Yn Aischulos ac Ewripides lleddir Aigisthos cyn lladd Clutaimnestra.

AIGISTHOS: Mab Thuestes, brawd Atréws, brenin Micenai. Cefnder Agamemnon. Yn ôl *Electra* Soffocles llofruddiodd ef a Clutaimnestra Agamemnon pan gyrhaeddodd adref o Ryfel Caerdroia. Wedi'r llofruddiaeth priododd Aigisthos Clutaimnestra. Nid yw'n ymddangos tan tua diwedd y ddrama, ond mae ei gysgod i'w deimlo drwy'r digwydd ar ei hyd. Yn y ddrama mae'n deyrn gormesol, yn ben mawr ac yn fwli. (1442-1503) Wedi i Electra glywed fod Orestes wedi marw, mae hi'n penderfynu lladd Aigisthos, ond mae ei chwaer Chrusothemis yn credu fod y syniad yn wallgof. Ond ni bu angen i Electra gynllunio'r peth. Lladdwyd Aigisthos gan Orestes yn yr union fan lle y lladdwyd Agamemnon flynyddoedd ynghynt.

Yn ôl y teithiwr Pausanias claddwyd Aigisthos a Clutaimnestra y tu allan i furiau caer Micenai, am nad oedden nhw'n deilwng o feddrod yn yr un man â gorweddle Agamemnon.

AINIA: Ardal yn neheudir Thesalia. (706)

AITOLIA: Rhanbarth yn y deau-orllewin yng nghanolbarth gwlad Groeg. (704)

ÀMFFIARÁWS: Proffwyd o Argos yn neau Groeg. Rhagwelodd fethiant y Saith yn erbyn dinas Thebai wedi diflaniad Oidipos. Perswadiwyd ef gan ei briod Eriffule i ymuno â Poluneices, mab Oidipos, yn'yr ymosodiad ar Thebai. Fe roes Poluneices amdorch gwddf o aur iddi a oedd yn eiddo etifeddol y teulu am wneud. Disgwyliai Àmffiaráws gael ei ladd yn y brwydro, ond arbedwyd ef rhag hynny gan Zews a agorodd y ddaear mewn daeargryn i'w lyncu, yn Boiōtia. Fe ddialodd Alcmaion, mab Àmffiaráws, ar Eriffule am gymryd ei llwgrwobrwyo. Lladdodd hi. Dyma enghraifft o famladdiad, ac mae'r Côr yn y ddrama hon yn dwyn yr hanesyn i gof wrth gydymdeimlo ag Electra yn ei galar. Mae'r mamladdiad hwn yn gyffelyb i Orestes yn dial ar ei fam ei hun. (836-9)

APOLON: Un o'r deuddeg o ddwyfolion Olumpos. Lladdodd yr anghenfil a oedd yn gwarchod yr oracl yn Delffi, ac wedi hynny priodolwyd yr oraclau yno iddo ef ei hun. Ef oedd y duw-haul, a'i chwaer Artemis yn dduwies-leuad. Anogwyd Orestes ganddo i ddial am lofruddiaeth ei dad, Agamemnon, trwy lofruddio Clutaimnestra, priod Agamemnon, a mam Orestes, a llofruddio Aigisthos hefyd a gynorthwyodd y frenhines yn yr anfadwaith hwnnw. Roedd y dial yn unol â'r syniad o gyfiawnder fel gwaed am waed. (83, 637, 1376, 1425) Dywed Orestes i Apolon ddweud wrtho:

76

y dylwn i, heb ddarpariaeth byddin arfog,
weithio fy hun trwy gyfrwystra
gosb gyfiawn marwolaeth. (36 yml.)
Roedd allor i Apolon o flaen y plas yn Micenai. (637)

ARES: Duw rhyfel. Ar Fryn Ares (yr Areiopagos) yn Athen yr anerchodd Pawl yr Atheniaid, yn ôl Actau 17.22. (96, 1385, 1423)

ARGOLIS: Y rhanbarth yn neheudir Groeg sy'n cynnwys dinasoedd Micenai ac Argos.

ARGOS: Dinas i'r deau i Micenai; ond yn ll. 4 Argos fel rhanbarth a olygir.

ARTEMIS: Chwaer a gefeilles i Apolon—plant Zews trwy Leto. Roedd Apolon yn dduw-haul, ac Artemis yn dduwies-leuad. Roedd hi'n wyryf. Roedd yn helreg, a chysylltwyd hi ag ardaloedd diarffordd ac ag anifeiliaid gwyllt. Roedd ei theml yn Effesos yn Asia Leiaf yn fwy ei maint na'r Parthenon yn Athen, ac roedd yn un o ryfeddodau'r byd.

Mynnai Electra mai Artemis a orfododd Agamemnon i aberthu ei ferch Iffigeneia yn Awlis, oherwydd iddo ladd carw mewn llannerch a oedd yn gysegredig iddi hi, ac ymffrostio wedyn yn y weithred. (563-576) Ataliodd hi'r gwyntoedd o'r herwydd, a rhwystro, felly, i lynges y Groegiaid gychwyn am Ryfel Caerdroia, neu am adref o ran hynny. Nid tan aberthu Iffigeneia y rhyddhawyd y gwyntoedd. Onid oedd Artemis wedi ymddwyn yn ffyrnig at yr heliwr enwog Actaion? Digwyddodd ef ei gweld hi'n ymolch yn noeth, a throes hi ef yn garw am ei boen, a pheri ei rwygo gan ei gŵn ei hun, hyn am nad oedd wedi cael ei chaniatâd i edrych arni. Roedd Electra yn ateb dehongliad Clutaimnestra mai er mwyn ei frawd, Menelaws, yr aberthodd Agamemnon Iffigeneia,—am fod Helen, gwraig Menelaws, wedi ei llithio gan Paris, mab Priaf, brenin Caerdroia, ac roedd atal y gwyntoedd yn rhwystr i Menelaws fynd i ddial ar Gaerdroia am ddwyn Helen oddi arno. (535 yml.) Yn ôl *Agamemnon* Aischulos gwyntoedd croes, nid gostegu'r gwynt, a rwystrodd i'r llynges gychwyn am Gaerdroia.

ATE: Y ffolineb neu'r gorffwylltra yr arweinir dyn iddo gan nwyd direol. Priodolid hyn yn fynych i ddial rhyw dduw a oedd wedi digio wrth rywun. Ceir yr ystyr oruwchnaturiol hon yn Homer ac yn Aischulos, ond ni cheir y cymhelliad anorchfygol hwn fel arfer

yn ystyr i'r gair yn Soffocles. Gair yw ganddo ef fynychaf am y
nwydau sy'n achosi trueni, megis yn ll. 224, neu am y trueni a
achosir gan y nwydau, megis yn ll. 235: "Paid â dwyn gwae (*ate*)
arnat dy hun am ben gwaeau." *Ate* sy'n peri i Clutaimnestra fethu
dehongli'r breuddwyd a gafodd yn gywir, yn ei ystyr amlwg.
Roedd rhyw ynfydrwydd rywfodd yn ei dallu. "Digofaint" yw
ystyr y gair yn ll. 111.

ATRÉWS: Mab Pelops, a brenin Micenai. Tad Agamemnon, brenin
Micenai, a Menelaws, brenin Sbarta. Mae Clutaimnestra yn galw
Micenai yn "dŷ Atrews," a'r Côr yn galw Orestes yn "had tref
Atrews." (1508) Hudwyd ei wraig Airope gan ei frawd Thuestes.
Yn ddial am hyn fe gyflwynodd Atréws gnawd plant Thuestes a
anwyd i Airope, ei gyflwyno'n fwyd iddo, ac o ganlyniad
melltithiodd Thuestes holl deulu Atréws. Felly y daliodd y felltith
ar linach Pelops yn bwerus o hyd.

ATHEN: Dinas enwocaf gwlad Groeg. Yn ôl chwedloniaeth fe'i
sefydlwyd gan Cecrops, Pheniciad a ddaethai i wlad Groeg, ei
sefydlu yn y dalaith a alwyd yn ddiweddarach yn Atica. Roedd y
dref ar ei thwf yn addo'n dda, ac roedd y duwiau'n awyddus i gael
yr anrhydedd o'i henwi. Y diwedd fu i'r dduwies Athena gael y
fraint o enwi'r ddinas ar ei henw hi ei hun. Dywed Soffocles am
Athen, ac yntau'n frodor ohoni—"a godwyd gan y duwiau."
(707) Yn *Oidipos Yn Colonos* fe'i gelwir "yr anrhydeddusaf o
ddinasoedd." (108)

AWLIS: Ar lannau'r môr yn Boiōtia, lle y mae'r culfor leiaf ei led
rhwng y tir mawr ac ynys Ewboia. Yno roedd llynges Groeg yn
aros i gychwyn am Gaerdroia a'r rhyfel a fu yn ei herbyn. (564)

BARCAIAD: Gŵr o Barca, cangen o'r drefedigaeth Roegaidd,
Cyrene, yng ngogledd Affrica. Enillodd Barca fri am lwyddiant yn
y mabolgampau yng ngwlad Groeg. (727)

BARF: Roedd 'Myn dy farf' (1208) yn llw, oherwydd fod gofal
mawr gan ŵr dros ei farf. Roedd ei cholli'n sarhad ar ddyn.

BEDDROD: Mae'r ddrama'n sôn am feddrod Agamemnon. Twmpath
o bridd oedd y bedd, ac odano roedd siambr gerrig lle y cleddid y
marw. (894 yml.) Nid yw'r olion beddau sydd i'w gweld heddiw
ym muarth caer Micenai na'r beddau cwch-gwenyn ar ochr bella'r
gwastadedd islaw o'r un teip â'r bedd y sonnir amdano yn y
ddrama hon.

BOIŌTIA: Talaith yn y canolbarth rhwng Athen a Delffi, a Thebai yn brifddinas ynddi.

BWYELL: Lladdwyd Agamemnon â bwyell. (99) Yn ôl *Oduseia* ll. 424 lladdwyd ef â chleddyf. Nid oes sicrwydd pendant p'un ai cleddyf ai bwyell oedd yr arf yn Aischulos ac Ewripides. (485)

Roedd yn arferiad ymhlith y Groegiaid ddwyn dedfryd ar offer llofruddiaeth. Ceir cyfeiriad at hyn yn *Cyfreithiau* Platon: 9.873.

BREUDDWYD: Roedd i freuddwyd yn llenyddiaeth Roeg arwyddocâd cyffelyb i oracl neu broffwydoliaeth gweledydd. Roedd oracl yn ddatganiad swyddogol gan awdurdod crefyddol cyhoeddus cydnabyddedig, ond roedd breuddwyd yn fynegiant preifat i ryw unigolyn o ewyllys y nefoedd.

Cafodd Clutaimnestra freuddwyd, (410, 417-24) ac ynddo gwelodd hi *homilia* (cyfarfyddiad) Agamemnon, ac yna yn y breuddwyd fe gymerodd ef deyrnwialen Aigisthos, ei hen deyrnwialen ef cyn hynny, a'i phlannu wrth allor yr aelwyd. Yno tyfodd yn gangen ddeiliog yn bwrw ei chysgod dros holl dir Micenai. Mae Electra a'r Côr yn dehongli'r breuddwyd fel cymeradwyaeth ddwyfol i'r dial a fwriedir am lofruddio Agamemnon. Mae Clutaimnestra ei hun yn ansicr o ystyr y breuddwyd, ac mae hi'n gweddïo ar i Apolon gyflawni'r breuddwyd, os yw er daioni, er mantais iddi hi, ac, os yw'n ddrwg, iddo fod yn boen i'w gelynion.

Adroddodd hi'r breuddwyd i'r haul. (424-5) Roedd hyn yn hen arferiad. Ceir cyfeiriad at yr arferiad yn Ewripides: *Iffigeneia yn Tawris*, ll. 42, lle y mae Iffigeneia yn dweud ei bod yn adrodd ei breuddwyd i'r wybr, er mwyn cael esmwythâd iddi hi ei hun.

Mae'r breuddwyd yn gwneud mwy nag ategu oracl Apolon. Mae'n dweud yn ei effaith y bydd ailsefydlu llinach Agamemnon yn Orestes a thrwyddo ef. Mae'r deyrnwialen yn arwyddlun o sofraniaeth, a chan fod Agamemnon wedi ailafael ynddi, mae'n eglur mai sofraniaeth ei linach ef a olygir, ac nid llinach Aigisthos. Dyna ddehongliad Electra (460-1) a'r Côr. (480-86, 499-502)

Deil J. H. Kells mai ystyr *homilia* yma yn ll. 418 yml. yw cyfathrach rywiol, a bod y deyrnwialen yn arwyddlun o allu rhywiol Agamemnon.

Dywed Clutaimnestra yn ll. 645 fod y breuddwyd yn ddyblyg neu amwys ei ystyr (*dissōn oneiron*), ac y gallai'r gangen, fe ddichon

79

felly, gyfeirio naill ai at Orestes, mab Agamemnon, neu at fab i Aigisthos. Nid yw'r amwysedd yma, fe ellir tybio, yn gymorth i dderbyn y farn mai cyfathrach rywiol yw ystyr *homilia* yn ll. 418 yml., a hynny rhwng Agamemnon a Clutaimnestra. Mae'r dehongliad hwn a'r honiad fod y deyrnwialen yn arwyddlun o allu rhywiol Agamemnon yn sawru mwy o seicoleg Freud nag o'r rhagdybiau crefyddol sy'n rhan o gefndir y ddrama ac o ddychymyg dramatig Soffocles ei hun.

Gw. hefyd y nodiad ar ATE.

CAERDROIA: Yng ngogledd-ddwyrain Asia Leiaf ar safle a ddarganfuwyd yn 1873 gan yr Almaenwr Heinrich Schliemann. Bu Agamemnon yn gadlywydd yn rhyfel deng mlynedd y Groegiaid yn erbyn Caerdroia, rhyfel a ddigwyddodd, mae'n debyg efallai, yn yr hanner cyntaf o'r drydedd ganrif ar ddeg cyn Crist. Llofruddiwyd Agamemnon pan ddychwelodd adref i Micenai. (ll. 271)

CLUTAIMNESTRA: Merch Tundárews a Leda, chwaer Helen. Gwraig Agamemnon, brenin Micenai. Cymerodd gefnder Agamemnon yn gariad iddi ei hun pan oedd ei gŵr i ffwrdd yn Rhyfel Caerdroia, a phan ddychwelodd adref fe'i lladdwyd ganddyn nhw. Yn y ddrama hon mae hi'n cyfaddef wrth Electra, ei merch hi ac Agamemnon, ei rhan hi yn y llofruddiaeth, ond mae'n dadlau mai

Cyfiawnder,
nid fi yn unig a laddodd dy dad,
ac mi ddylasit ti fod ar ochr Cyfiawnder. (526-9)

Ond nid yw'r cyfiawnder honedig yma'n esbonio ymgaru ag Aigisthos na'r cynllwyn gyda hwnnw i ladd ei gŵr.

Bob mis mae'n dathlu ag emynau ac aberthau ddiwrnod lladd Agamemnon. (280) Ond yr un pryd mae'n byw mewn ofn cyson, yn disgwyl i'w mab Orestes ddod i'w lladd hi'n ddial am ladd Agamemnon.

Heblaw bod yn fam i blant Agamemnon roedd ganddi blant hefyd oddi wrth Aigisthos. (589) Yn ôl traddodiad roedd un ferch o'r enw Erigone, a mab o'r enw Huginos.

Nid oedd Clutaimnestra yn amddifad o deimladau mamol. Pan glywodd sôn, digon dilys yn ei golwg hi, fod Orestes wedi marw, roedd ei theimladau'n gymysg o ollyngdod, wrth fod bellach yn ddiogel oddi wrth ddial, a hefyd o ofid a galar dros ei phlentyn.

Mae'n myfyrio ar y profiad chwithig o fod yn fam:

> Peth chwithig yw bod yn fam,
> oherwydd, er ei sarhau ganddyn nhw,
> 'all mam ddim casáu ei phlant. (770)

Dyna wedyn ei gofid ar farwolaeth ei merch Iffigeneia. (530-3)

Yn union cyn ei lladd yn y plas yn Micenai mae hi'n tecáu'r wrn a oedd yn dal llwch honedig Orestes, a diau fod teimladau mam yn ei chyffroi'r pryd hynny. Mae rhyw eironi trychinebus ar waith yn y fan yma—y tecáu mamol ar wrn llwch y mab, a'r mab ei hun yn fyw yn y fan a'r lle ac yn barod i'w lladd hi.

CÔR: Pymtheg o wragedd pendefigaidd Micenai sy'n cydymdeimlo ag Electra yn ei gofid. (129) Hwyrach y gellid barnu fod Electra yn achwyn ei chŵyn yn ormodol. Ond diau y dylid sylweddoli ei bod, wrth wrthod cymryd ei chysuro, yn ennyn ymateb o gasineb at y frenhines a'i chywely euog, ac edmygedd hefyd o ddygnwch ei ffyddlondeb tuag at ei thad, "fel eos gollodd ei chywion." (107) Nid cwyno'n bennaf oherwydd baich ei thristwch y̦ mae hi, ond oherwydd ei galar dros ei thad, a'i lofruddiaeth yn dal o hyd heb ei chosbi:

> Mor ddwys fy ngalarnadau ar ôl fy nhad
> na fu farw mewn gwlad dramor
> ar alwad Ares, y duw rhyfel,
> ond ei ladd yma
> gan fy mam a'i chywely Aigisthos,
> yn hollti ei ben â bwyell,
> yn waedlyd,
> fel coedwigwr yn cwympo derwen.
> A 'does neb arall ond fi'n unig
> o'r tŷ hwn, nhad, sy'n galaru
> ar ôl dy gwymp truenus. (94-102)

Mae'r Côr yn ffyddlon drwy'r ddrama ar ei hyd i'r cof am Agamemnon, ond maen nhw'n gofidio oherwydd y cweryl sy'n codi rhwng Electra a'i chwaer Chrusothemis.

Nid yw swyddogaeth y Côr mor bwysig yn y ddrama hon ag yw yn y ddrama *Antigone,* er enghraifft. Ceir pum Corawd yn yr *Antigone,* heblaw Parodos. Dyna tua 250 o linellau. Yn yr *Electra* ni cheir Parodos o'r fath sydd yn yr *Antigone,* ac yna dim ond tri chorawd yn unig, a'r cwbl yn rhifo rhyw 140 o linellau. Y rheswm am hyn yw fod ymdeimladau Electra yn bwysicach yn natblygiad y ddrama nag ymatebion y Côr. Yn y diwedd oll ategu safbwynt Electra at y sefyllfa yn hanes ei theulu y mae'r Côr:

> drych gwych o'r trechu yw gweld
> hen boenau'n dibennu. (1510)

Mae'n ddigon amlwg yn y ddrama nad yw myfyrdodau'r Côr yn cael atal y symudiad anochel at gyflawni'r gosb am lofruddiaeth.

CRISA: Dinas yn ardal Crisa islaw Delffi ac yn ffinio ar Gulfor Corinth. (730)

CUDYN GWALLT: Roedd cudyn gwallt yn arwyddlun o fywyd y sawl a oedd yn galaru ar ôl y marw, ac roedd rhoi'r cudyn ar ei fedd yn arwydd o ymgysegriad i goffadwriaeth amdano.

Mae'r ddefod hon o osod cudyn o wallt ar fedd yn rhagdybio, fe ddichon, fod y marw'n gwybod fod perthynas arbennig yn cofio amdano. (Cymh. geiriau Electra yn 442-58)

Ceir defod nad yw'n annhebyg i hyn yn chwedloniaeth Cymru, sef defod torri gwallt yn arwydd o arddel perthynas. Dyna stori Gwrtheyrn yn *Historia Brittonum* Nennius, tua 800, lle y mae Gwrtheyrn a oedd wedi priodi ei ferch ei hun yn ceisio beio Garmon Sant am fod yn dad i'r mab a anwyd ohoni. Ond mae'r mab ar gyfarfyddiad neilltuol yn mynd at ei dad iawn, Gwrtheyrn, ac yn ceisio ganddo dorri ei wallt ef, y mab. Byddai'r torri gwallt yn brawf o berthynas gwaed rhwng y mab a Gwrtheyrn. Eto, yn chwedl *Culhwch ac Olwen* mae Arthur yn torri gwallt Culhwch, ac mae'r ddefod yn arwydd o berthynas gwaed rhyngddyn nhw.

Roedd y marw yng nghefndir y ddrama *Electra* dan ddylanwad duwiau'r Isfyd. (53, 451, 905) Mae parchedigaeth Electra at y duwiau hyn, fe ymddengys, yn fwy na'i pharch at dduwiau Olumpos, yn cynnwys Apolon. Yn wir mae Clutaimnestra yn ei difrïo ar gorn hyn:

> Peidien nhw, dduwiau'r Isfyd,
> â dy waredu byth o'r wylofain sy'n dy boeni di. (291-2)

CŴN: Dywed y Côr yn llau. 1386-8:

> Mae'r helwyr yma ar yr aelwyd,
> a'u cŵn wedi eu cynnull
> i redeg ar ddrwgweithredwyr.

Y cŵn yw'r Deraon (yr Erinuës) ym mherson Orestes a fydd yn gweithredu cosb dial ar lofruddion Agamemnon.

CYNDDEIRIOGI: Dywed y Côr yn 610-11:

> Rwy'n ei gweld hi'n cynddeiriogi,
> a 'dyw hi'n hidio fawr bellach
> a yw ei geiriau'n cydweddu â chyfiawnder.

Dywed Jebb mai cyfeirio at Electra y mae'r llinellau hyn. Ond mae sylw Clutaimnestra sy'n dilyn yn ll. 612 yn peri credu mai cyfeirio at Clutaimnestra y maen nhw. Bu hi ychydig amser ynghynt yn poeni am gyfiawnder ei hachos (528-9) ond erbyn ll. 612 'dydi dadl oddi ar gyfiawnder yn golygu dim iddi, a dyna y mae'r Côr wedi sylwi erbyn ll. 610. Eto, gyda ll. 793:

> Gwrandawodd y Dialydd pan oedd angen hynny,
> a phenderfynu'r achos yn deg,

mae'n teimlo fod marwolaeth Orestes yn cadarnhau cyfiawnder ei hachos. Wrth reswm mae hi erbyn yr amser hwnnw yn ei thwyllo ei hun wrth gredu hyn, am fod Orestes, ond heb yn wybod iddi, yn dal yn fyw, ac mewn ffordd i allu gweithredu cyfiawnder yn unol â'r dehongliad—gwaed am waed.

CHRUSOTHEMIS: Chwaer Electra a oedd rywfaint yn iau na hi ac, fel Electra, yn ddibriod. Er ei bod, fel Electra, yn ferch i Agamemnon, mae yna wahaniaeth mawr rhyngddi a'i chwaer. Mae'n dymuno byw'n esmwyth. Yn wir mae'n cael gwisgo dillad hardd, a mwynhau pob math o foethau. Ac er mwyn sicrhau'r moethusrwydd hwn mae'n cadw'n ufudd i'w mam Clutaimnestra ac i'w llystad Aigisthos. Bydd yn arfer ei doniau i geisio darbwyllo ei chwaer mai ei ffordd hi o ymarweddu sydd orau. Fel Isméne yn yr *Antigone* mae'n ildio i'r sawl sydd mewn awdurdod, ac eto, fel Isméne yn y ddrama honno, bydd yn ei hamddiffyn ei hun ag ystrydebau derbyniol, megis dweud:

> Os wyf i i ddiogelu fy rhyddid,
> rhaid gwrando ar ein rheolwyr ym mhob dim, (339-40)

fel pe bai cydymffurfio ag amodau caethiwed yw rhyddid.

Mae hi o ddifrif yn anghytuno â bwriad Electra i ladd Aigisthos. Meddylia'n uchel o'i chwaer, er hynny, ac mae'n ofni y gall hi beryglu ei diogelwch ei hun. Dywed mewn un man eiriau arwyddocaol iawn:

mae hyd yn oed cyfiawnder weithiau'n
gallu peri niwed. (1042)

Sut bynnag, ymaddasu i ateb amgylchiadau sydd orau mewn bywyd iddi.

Mae Electra yn cydnabod ei gallu fel dadleureg, ac yn hyn o beth mae blas safbwynt y Soffyddion ar ei dadleuon,—Soffyddion fel Protagoras o Abdera yng ngogledd-ddwyrain Groeg a ddaethai i Athen yn athro rhethreg yn nyddiau Soffocles. Un o nodweddion y safbwynt oedd dal fod dwy ochr i bob cwestiwn, er y gall un ochr fod yn gref a'r llall yn wan, a dyletswydd y dadleuydd oedd gwneud yr ochr wannaf yn gryfaf.

Dyna, yn y ddrama hon, y gwrthdaro rhwng cymhelliad daioni (*agathon*) a chymhelliad doethineb neu gallineb neu fuddioldeb (*soffon*). Gweithredu'n ôl cymhellion moesol daioni a wna Electra, fel y dywed y Côr yn 1087-89, a Chrusothemis, i'r gwrthwyneb, yn ymorol am fanteision buddioldeb.

DELFFI: Canolfan oracl y duw Apolon islaw Mynydd Parnasos yng nghanolbarth gwlad Groeg. Cwplawyd codi teml yno yn 510 C.C. Difethwyd hi gan ddaeargryn yn 373 C.C., ond ailgodwyd hi wedyn. Safodd y deml honno tan yr Oesoedd Canol. Roedd yno hefyd theatr a oedd yn gallu cynnwys pum mil o edrychwyr. Codwyd hi yn y bedwaredd ganrif cyn Crist. Yn y man uchaf yng ngogledd-orllewin y safle y mae stadiwm o'r bumed ganrif o oed Crist. Cynhelid chwaraeon yn y stadiwm, ond ceid y gornestau siaredau yn Crisa, heb fod nepell i ffwrdd, rhwng Delffi a chulfor Corinth. (32, 49, 680 yml.)

Yn yr amgueddfa sydd yn Delffi heddiw y mae cerflun efydd dros bum troedfedd o uchder o siaredwr. Fe'i cafwyd ymhlith adfeilion yn Delffi, ac mae'n dwyn i gof stori'r ornest siaredau yn y ddrama hon. (680 yml.) Gwnaed y cerflun tua 475 C.C., a chladdwyd ef gan ddaeargryn 373 C.C.

DERAON: Sef yr Erinuës:

> Y Deraon ofnadwy—plant y duwiau
> sy'n gweld y sawl a leddir yn anghyfiawn
> a'r rheini y treisir eu gwely priodas. (112-113)

Pwerau dialedd oedden nhw, yn dial yn arbennig am lofruddiaeth o fewn teulu. Tair chwaer oedden nhw, a bydden nhw'n cyrchu cosbedigion i le'r torment diymatal yn yr Isfyd.

DIAL: Ai rhyw duedd at greulondeb sy'n gwneud i Electra weiddi wrth ei brawd Orestes pan oedd yn lladd ei fam?—

Taro, os gelli, eto ac eto. (1416)

Mae blynyddoedd o deimladau gelyniaethus wedi eu cronni y tu ôl i'r geiriau hyn, ac at hynny mae Electra yn teimlo fod awr gweithredu cyfiawnder wedi dod o'r diwedd. Iddi hi roedd euogrwydd ei mam a'i hymddygiad i ganlyn hynny wedi lladd hawliau serchiadau naturiol merch at ei mam. Dyma un o is-themâu'r ddrama. (1411)

DIGOFAINT: Sef *Ara* (Lladin: *Dira*): Roedd yn dduwies dial. Gwahaniaethir rhyngddi yn ll. 111 (Digofaint) a'r Deraon.

DUW-HAUL: Sef Apolon. (425, 826)

DUWIES DIALEDD: GW. EIDDIGEDD Y NEF a NEMESIS. (792)

DUWIES TREFN: Sef Themis: Duwies cyfraith a threfn. Mae'r Côr yn cyfeirio ati yn yr Ail Gorawd. (1064)

ECCUCLEMA: Math o elorwely ar olwynion. (1466 yml.) Roedd corff Clutaimnestra yn gorwedd arno dan orchudd, a thybiai Aigisthos mai corff Orestes ydoedd.

EIDDIGEDD Y NEF: Sef *Nemesis*, eiddigedd, yn enwedig gan y duwiau o achos ffawd nad oedd wedi ei theilyngu. Roedd *Nemesis* yn enw hefyd ar dduwies dialedd. Mae *nemesis* yn dilyn *hubris* (trahauster). (792, 1466-7)

ELECTRA: Er mai Orestes yw cyfrwng y digofaint dwyfol yn erbyn Clutaimnestra ac Aigisthos yn y ddrama hon, Electra, er hynny, yw'r prif gymeriad yn y digwydd. Ei hymdeimladau hi sy'n pennu thema ganolog y ddrama. Mae hi dros y blynyddoedd wedi dioddef gofid, sarhad, tristwch a dirmyg ar aelwyd y plas yn Micenai er pan fu farw ei thad, Agamemnon. Mae hi'n wahanol iawn i'w chwaer Chrusothemis a'i chwaer arall Iffianasa a enwir yn unig yn y ddrama. Ildia Chrusothemis yn gyson i awdurdod Clutaimnestra ac Aigisthos er mwyn gallu byw mewn hawddfyd. Mae Electra, fodd bynnag, yn glynu wrth yr argyhoeddiad fod deddf cyfiawnder yn hawlio dial ar y ddau lofrudd o achos eu hanfadwaith. Mae'n gorfod dioddef gartref o'r herwydd. Ni chaniateir iddi, er enghraifft, fynd allan o'r plas. Mentrodd allan ar ddiwrnod y ddrama oherwydd fod Aigisthos i ffwrdd yn y wlad.

Ni all anghofio ei thad, ac mae'n para'n deyrngar i'r cof amdano ac i'r penderfyniad fod ei lofruddio'n hawlio cosb gymwys yn ôl cyfiawnder dwyfol. Heblaw hynny, nid ysgerbwd mewn bedd yn unig yw Agamemnon iddi:

Os yw'r marw trist yn ddim ond llwch,
lle gorwedda,
heb fod tywallt gwaed
yn daledigaeth am dywallt gwaed,
yna mae cywilydd yn ddi-gownt,
heb fod parch at ddeddf ymhlith meidrolion
yn cyfrif dim. (244-250)

Er bod y Côr yn ceisio ganddi gymedroli ei galar a'i hwylofain yn ysbryd *meden agan*—"nid da rhy o ddim," eto nid yw ei galar ond yn ymateb sy'n gymesur ag ofnadwyedd y llofruddio. Pan yw hi dywyllaf arni yn ei helbulon a'i gofidiau daw ei brawd Orestes o'r diwedd, ac â sydynrwydd erchyll mae cosb dial yn syrthio ar y ddau lofrudd yn eu plas yn Micenai.

'Does gan y Côr ddim o amlygrwydd Electra yn y ddrama. Ei hymdeimladau hi sy'n llywodraethol. Cydymdeimlo â hi'n bennaf a wna'r Côr. Ond o ran hynny 'does dim cymaint â hynny o le i fyfyrdod ar brif thema'r ddrama, oherwydd nid ar fyfyrdod y mae'r pwyslais, ond ar weithredu—gweithredu cyfiawnder ad-daliadol, a hynny heb fod angen myfyrio ar briodoldeb gweithredu egwyddor o'r fath.

Rywfaint dros ddeg ar hugain oed yw Electra, fe ymddengys, yn y ddrama. Mae tristwch blynyddoedd o alar wedi dweud arni. Bu hi unwaith yn enwog am ei harddwch yn ôl ll. 1177, lle y dywed Orestes: "Onid gweld yr enwog Electra rwyf i?"

Trobwynt dramatig yn y digwydd yw'r newid o dristwch Electra i lawenydd pan sylweddola hi fod Orestes yn fyw, a bod ei holl obeithion hi ar fin cael eu sylweddoli,—fod dial ar y llofruddion ar ddigwydd. Mae'r newid sydyn yma o alar a thristwch dwfn i lawenydd a gorhoen yn un o'r uchelfannau yn nramâu Groeg. Clywir Electra yn dweud:

Pwy na roddai leferydd yn gyfnewid am ddistawrwydd
bellach,
wedi cael dy weld di'n ôl yma mor annisgwyl,
ac yn groes i bob gobaith? (1260-63)

86

Arddel gwerthoedd pendefigaidd y mae Electra a phietasiaeth uchelwrol, ac y mae'n glynu'n ddiwrthdro wrth y safonau hyn. Iddi hi ni all amgylchiadau newid dim ar hawliau cyfiawnder. Pan ddywed Chrusothemis: "Mae hyd yn oed cyfiawnder weithiau'n gallu peri niwed," mae Electra yn ateb: "'Dydw i ddim yn dymuno byw/yn unol â'r egwyddor honno.'' (1042-3)

Dywed y frenhines Clutaimnestra wrth Electra yn ll. 528 mai Cyfiawnder, ac nid hi yn unig, a laddodd Agamemnon—y cyfiawnder, hynny yw, sy'n hawlio "un bywyd am fywyd arall." (582) Mae Electra wrth ateb yn dweud:

Rwyt ti'n addef iti ladd fy nhad.

A ellid cyfaddefiad mwy cywilyddus na hyn,

p'un a oedd gwneud hynny'n gyfiawn ai peidio? (558-60)

Dyma, fe ellir dal, gondemnio'r lladd hyd yn oed os oedd yn weithred gyfiawn. Os felly, mae Electra ar ei dadl yma'n condemnio hefyd ymlaen llaw ei bwriad hi ac Orestes i ladd Clutaimnestra ac Aigisthos. Ond hwyrach fod yn rhaid derbyn y llinellau hyn fel sylw sy'n rhan o gyflwyno dadl, eithr mai gwir safbwynt Electra yw nad o gyfiawnder y lladdwyd ei thad.

Tybed, yn yr olygfa lle mae Electra yn sylweddoli pwy yw'r Hyfforddwr, (1346-60) tybed nad yw Kells yn gorddehongli pan ddywed fod Electra, wrth feddwl am yr Hyfforddwr fel 'tad,' yn ymgreinio wrth ei draed, ac yn anwesu ei ddwylo a'i draed, a bod hyn yn arwydd ohoni'n dechrau colli ei phwyll? Fe ymddengys nad yw'r testun yn gorfodi'r darllenydd i gytuno â'r dehongliad hwn o'i hymddygiad hi yn yr olygfa hon. Mae amrediad emosiynedd Electra o bryd i'w gilydd yn y ddrama'n gallu amrywio o ddyfnder tristwch i uchder gorhoen, ond mae cysondeb ei hargyhoeddiadau drwy'r holl gyflyrau hyn a thrwy'r ddrama ar ei hyd yn beth sy'n groes i'r syniad ohoni'n dechrau colli ei phwyll.

Ceir hanesyn gan y Lladinwr Aulus Gellius am yr actor enwog Polos yn Athen, iddo golli ei unig fab ychydig cyn actio rhan Electra yn y ddrama hon. Daeth ag wrn ei fab a'i ludw o'r beddrod i'r theatr, ac felly troi nwyd gwneud yn angerdd gwirioneddol.

Soniai Freud yn ein hamser ni am y "cymhlethyn Electra," sef awydd honedig geneth fach i fod yn fachgen, a hithau o ganlyniad yn gwneud ei thad yn wrthrych ei serch, a hefyd yr un pryd yn casáu ei mam. Y fersiwn gwrywaidd o'r profiad, yn ôl Freud, yw'r "cymhlethyn Oidipos," a'r honiad fod bachgen bach yn ymfalchïo am ei fod yn meddu pidyn, ac yntau wedyn o ganlyniad yn magu awydd i garu ei fam, a'r un pryd yn ysbryd cystadlu â'i dad, yn ei gasáu. Seicoleg yw hyn sy'n gwneud cam enbyd ag Oidipos ac Electra yn nramâu Groeg.

EOS: Tybid fod cân yr eos (aēdōn) yn arwydd o alar. (147) Ceir y dehongliad hwn o gân yr eos yn gymhariaeth gan y Côr am alar Electra:

> eos a'i hiraeth yn anghysurol. (1076)

GOLCHI CORFF: Sonnir yn ll. 1138 am olchi corff. Mae'r arfer hon o olchi corff y meirw'n hen, ac fe wneid y gwaith gan y perthnasau agosaf. Golchodd Socrates, medd Platon, ei gorff ei hun cyn yfed y gwenwyn, rhag i hyn, hwyrach, gael ei wneud gan ddieithriaid. Mabwysiadodd y Rhufeiniaid yr arferiad oddi wrth y Groegiaid.

Roedd yn arferiad hefyd gan y Groegiaid roi corff allan i gael ei weld. (1455 yml.)

GWEDDI: Medd Electra wrth Chrusothemis ei chwaer a oedd â'i bryd ar fynd i offrymu wrth feddrod eu tad:

> Syrthia ar dy liniau, a gweddïa
> ar iddo ddod o'r ddaear i'n cynorthwyo ni,
> i'n hamddiffyn ni yn erbyn ein gelynion. (453-4)

Dyna briodoli gallu effeithiol ymarferol i weddi. Yn llau. 634-59 mae Clutaimnestra yn gweddïo ar Apolon ac y mae'n disgwyl, yn gydnabyddiaeth am ei hoffrymau, iddo ganiatáu i'r breuddwyd a gafodd hi'r noson cynt fod naill ai'n ffafriol iddi hi, neu'n niweidiol i'w gelynion.

Dyna synio am weddi fel math o gytundeb rhwng y gweddïwr a'i dduw, p'un a yw'r deisyfiad yn dda, ai ynteu'n ddrwg hyd yn oed. Mae Electra yn yr un modd yn llau. 1376 yml. yn disgwyl i Apolon ateb yn ffafriol i ganlyn ei hoffrymau hithau iddo.

HAIDES: Enwau eraill arno yw Dis a Plwton. Ef yw arglwydd bro'r meirw, a phriod Perseffone, merch Demeter. Fe â'r meirw, yn ôl mytholeg Groeg, "i dŷ Haides." Aeth "Haides" yn ddiweddarach yn enw ar fro'r meirw ei hun,—lle di-haul, ac fe aiff eneidiau yno ar draws y merddwr Acheron, a Charon, y cychwr, yn eu cyrchu yno. (110, 138, 543)

HELEN: Dywedir mai merch Zews a Leda, merch brenin Sbarta, oedd hi, ac iddi gael ei chenhedlu gan Zews yntau ar lun alarch a'i geni o wy. Yn ôl y traddodiad llenyddol sy'n dechrau yn *Ilias* Homer roedd hi'n wraig i Menelaws, brenin Sbarta a brawd Agamemnon, brenin Micenai. Hi oedd yr harddaf o ferched dynion. Hudwyd hi gan Paris, mab Priaf, brenin Caerdroia, ac fe aeth ef â hi ymaith i Gaerdroia. Y llithio hwn, yn ôl yr *Ilias*, oedd achos rhyfel deng mlynedd Caerdroia. Roedd hi'n fam i ddau blentyn yn ôl Clutaimnestra. (539-41)

HERA: Priod Zews a'i chwaer hefyd. Fe'i haddolid yn gynnar yn rhanbarth Argos yn neheudir Groeg. Sonnir yn y ddrama hon am deml enwog iddi yng nghyffiniau dinas Argos, ryw ddwy filltir i ffwrdd o Micenai. (9) Yn Homer mae hi'n elyniaethus i Gaerdroia.

HERMES: Roedd yn gennad dros y prif dduw, Zews. Byddai'n gwisgo het a chantel lydan, a sandalau adeiniog am ei draed, a byddai'n cario ffon herodr. Un o'i brif swyddogaethau oedd tywys y meirw i'r Isfyd (Haides). Ei enw ymhlith y Rhufeiniaid oedd Mercurius (Mercher). (111, 1394)

HYFFORDDWR: Gwas ar aelwyd y teulu brenhinol oedd yr hyfforddwr hwn. Gweithredu fel *paidagogos* oedd ei swydd, pan oedd Agamemnon yn fyw, a byddai'n gweini ar ofynion y llanc Orestes. Ef a aeth ag Orestes yn alltud wedi i Agamemnon gael ei lofruddio, ac yna aros gydag ef yn llys Stroffios, brenin Phocis, yng nghanolbarth Groeg. Roedd yn dechrau heneiddio pan ddychwelodd o Phocis i Micenai gydag Orestes a'i gyfaill Pulades. (1 yml.) Daw i hysbysu'r plas yn Micenai fod Orestes wedi ei ladd mewn gornest siaredau yn Delffi, a dweud hefyd ei fod ef wedi ei anfon gan Phanotews o Phocis a oedd yn gyfaill i Aigisthos. (45, 667) Pan ddaw Orestes a'i gyfaill i'r golwg â'r wrn, yr honnwyd fod llwch Orestes ynddo, maen nhw'n dweud mai dod oddi wrth Stroffios, cyfaill Agamemnon, a wnaethon nhw. Pwrpas y ddau anfon gwahanol yma yw rhoi'r argraff fod y ddau gennad, y *paidagogos* ac Orestes, yn gwbl annibynnol ar ei gilydd, heb unrhyw gysylltiad rhyngddyn nhw, y *paidagogos* yn dod â'r stori am ladd Orestes, ac Orestes a'i gyfaill yn dod â'i lwch honedig mewn wrn. Gŵr yw'r *paidagogos* sydd wedi meithrin Orestes yn un swydd i ddial ar y frenhines Clutaimnestra a'i phriod Aigisthos am

lofruddio Agamemnon, tad Orestes. Alltudiwyd Orestes yn y lle
cyntaf, oherwydd y tebyg yw y byddai ei fam a'i lystad wedi ei
ladd yr un adeg â lladd ei dad. Ped arbedid ei fywyd gallai, wedi
tyfu'n hŷn, benderfynu dial y llofruddio a fu ar ei dad.

Ceir y gair *paidagogos* yn y Testament Newydd, yn wrthgyferbyn
i dad yn I Cor. 4.15, ac yn ffigur am y Ddeddf yn arwain at Grist
yn Gal. 3.14-25—"yn was i warchod drosom hyd nes i Grist
ddod."

Mae disgrifiad yr Hyfforddwr o'r ornest siaredau yn Delffi
gyda'r mwyaf byw yn llenyddiaeth Groeg. (680-763)

Bu ef megis tad i Orestes yn ei alltudiaeth, a phan fu i Electra
sylweddoli, ar ei ddychweliad, pwy ydoedd, mae hithau'n synio
amdano fel tad iddi hi. (1361)

Un o olygfeydd eironig y ddrama yw honno lle mae'r
Hyfforddwr yn adrodd yr hanes am ladd Orestes wrth y frenhines
Clutaimnestra. Iddi hi mae'r hanes yn ateb ei gweddi i Apolon
ynghylch ystyr y breuddwyd a gawsai'r noson cynt mai rhagfynegi
drwg i'w gelynion yr oedd. Ond peth hollol wahanol yw'r
gwirionedd, oherwydd roedd Orestes a fwriadai ddial arni yn fyw
ar y pryd ac yn ymyl i allu cyflawni'r bwriad.

IFFIANASA: Yn ôl Homer roedd gan Agamemnon dair merch:
Electra a enwir ganddo'n Laodice, Chrusothemis ac Iffianasa. Yr
un un yw Iffianasa, yn ôl y traddodiad hwn, ag Iffigeneia a
aberthwyd gan Agamemnon yn Awlis.

Yn y ddrama hon mae Iffianasa yn fyw yn ystod y digwyddiadau
sydd ynddi. Ystyr hyn yw fod Soffocles yn credu fod gan
Agamemnon bedair merch: Iffigeneia, Electra, Chrusothemis ac
Iffianasa. Enwi Iffianasa yn unig a wneir yn y ddrama. (157)

IFFIGENEIA: Merch Agamemnon a Clutaimnestra a aberthwyd gan
Agamemnon i'r dduwies Artemis. Digwyddodd hyn yn Awlis lle'r
oedd llynges y Groegiaid yn disgwyl am gychwyn i Gaerdroia.
Ataliodd hi'r gwyntoedd, yn ôl y ddrama hon, ac felly rwystro'r
llynges rhag cychwyn i'r rhyfel. Gwnaed yr aberth yma'n
gymhelliad gan Clutaimnestra i lofruddio ei gŵr Agamemnon pan
ddychwelodd adref i Micenai ar derfyn y rhyfel yn erbyn
Caerdroia. Yn ôl Electra yn y ddrama hon gwir reswm Artemis
dros rwystro llynges y Groegiaid oedd fod Agamemnon wedi lladd

carw mewn llannerch a oedd yn gysegredig iddi hi, Artemis, hithau'n dduwies helwriaeth, a bod Agamemnon wedi ymffrostio yn y lladd. Mynnai'r dduwies fywyd am fywyd, ac am y rheswm hwnnw aberthwyd Iffigeneia. (564 yml.)

INACHOS: Ef, yn ôl chwedloniaeth, oedd sefydlydd Argos. Ef oedd tad Io a grwydrai dros dir Argos pan drowyd hi'n heffer. (5)

IO: Merch Inachos. Roedd hi'n offeiriades i Hera yn Argos, ond ymserchodd Zews ynddi, ac fe'i troes hi'n heffer i'w hamddiffyn rhag eiddigedd Hera. (5) Dialodd Hera ar yr heffer a'i phoeni â robin-y-gyrrwr (cleren lwyd). Gyrrwyd hi fel heffer i grwydro yn Ewrop a thros y dŵr wrth y Bosfforos trwy Asia Leiaf i'r Aifft. Yn yr Aifft adferwyd hi i'w phriod lun gan Zews.

ITUS: Yn ôl un chwedl Roegaidd fe briododd Terews, brenin Thracia, â Procne, merch brenin Athen. Gwahoddodd hi ei chwaer Philomela i ddod ar ymweliad â nhw. Treisiodd Terews hi. Daeth Procne i wybod beth ddigwyddodd ac, yn ôl un dehongliad, lladdwyd Itus, mab Terews a Philomela. Trọwyd Philomela, yn ôl un dehongliad o'r stori, yn eos, ac y mae hi'n galaru ar ôl ei phlentyn coll. Cysylltwyd cân yr eos, felly, â galar ac ag enw'r plentyn coll. Mae Electra yn cymhwyso cân yr eos at ei galar hi ei hun. Gwna'r Côr hynny hefyd. (107, 148, 1076) Gw. EOS.

LETO: Mam Apolon ac Artemis trwy Zews. Gelwir Artemis yn ferch Leto yn y ddrama hon. (570)

LIBIA: Rhanbarth yng ngogledd Affrica lle'r oedd dinas Carthago gynt. Yng ngorllewin Libia y trigai'r bobl a oedd, yn ôl yr *Oduseia,* yn byw ar ffrwyth y lotus. (702)

LLOFRUDDIAETH: I'r Atheniaid roedd llofruddiaeth nid yn unig yn drosedd, ond hefyd yn bechod a alwai am ddial. Mae'n amlwg yn y ddrama hon fod ysbryd Agamemnon yn galw am ddial. Dyna'r dehongliad a roddai Electra a'r Côr o freuddwyd Clutaimnestra.

MAGNESIA: Rhanbarth i'r dwyrain o Fynydd Osa yn Thesalia. (706)

MAIA: Merch i'r titan Atlas a mam Hermes trwy Zews. (1395)

MAMLADDIAD: P'un oedd fwyaf difrifol ym meddwl y Groegwr—lladd mam ai ynteu lladd tad? Dan y drefn fwyaf hynafol yng ngwlad Groeg roedd lladd mam yn fwy echrydus na lladd tad, ac roedd y Deraon—yr Erinuës—yn cynrychioli'r drefn hynafol hon lle roedd mam yn bwysicach na thad. Yn y ddrama *Ewmenides* gan Aischulos daw'r ddau allu hynafol hyn wyneb yn wyneb â'i gilydd. Mae'r ddwy ochr yn cyflwyno eu hachos yn Athen gerbron y dduwies Athena. Mae Apolon, mab Zews, sy'n amddiffyn y cyhuddiedig, Orestes, yn dal mai'r tad sy'n ben, a'r Erinuës, yr erlynwyr, yn pledio arbenigrwydd y fam. Pleidleisiwyd, a bu'r bleidlais yn gyfartal rhwng y ddwy ochr. Ond mae Athena yn rhoi ei phleidlais fwrw o blaid dadl Apolon, a'r canlyniad yw fod Orestes a oedd wedi lladd ei fam Clutaimnestra, brenhines Micenai, yn cael ei ddieuogi.

Yn nrama Soffocles *Electra* ni roddir sylw arbennig i broblem mamladdiad, a'r rheswm am hyn yw fod Soffocles yn cyflwyno Clutaimnestra a laddodd ei gŵr fel gwraig wirioneddol ddrwg. 'Dydi Soffocles yn y ddrama hon ddim yn dyfarnu o blaid nac yn erbyn mamladdiad, oherwydd nid dyna oedd thema ei ddrama. Merch sydd yma, Electra, yn ffyddlon i draddodiadau gorau ei haelwyd a'i phobl, merch hefyd yn wynebu dyfnder gofid yn dduwiol ddewr hyd at brofi yn y diwedd ryddhad a llawenydd ymwared gyda gweld ei mam Clutaimnestra ac Aigisthos, ei hail ŵr, yn talu'r gosb gyfiawn am lofruddio ei thad Agamemnon.

Yn yr *Electra* mae Orestes yn llwyddo i gyflawni gorchymyn Apolon (31-8), ac mae marwolaeth ei fam ac Aigisthos yn ymgyflawniad o'r gorchymyn ac yn derfyniad y ddrama.

Dywed Electra wrth ei mam:

Rwyf i'n dal dy fod yn fwy o feistr
i ni nag o fam. (598)

Yn y diwedd mae "hen boenau'n dibennu," a phrofir bellach yn hanes teulu Atréws "bereiddied y llwybr i ryddid." (1508-10)

MARCHNADFA LUCEIOS: Marchnadfa dinas Argos. Ar yr ochr ogleddol iddi roedd teml Apolon. Disgrifair am Apolon oedd 'luceios,' yn cyfeirio ato fel duw goleuni—y duw-haul (*luce*—goleuni), ansoddair hefyd a oedd mewn llên gwerin yn ei gysylltu â *lucos* yn golygu 'blaidd.' (7)

MASG: Byddai actorion yn theatr Groeg yn gwisgo masg. Roedd masg trasiedi yn ei gwneud hi'n hawdd i actor chwarae rhan mwy nag un cymeriad. Gallai masg hefyd hwyluso chwarae rhan merch gan ŵr. Gellid yn ddidrafferth o ben pella'r theatr adnabod ffigur mewn drama a oedd yn gwisgo masg, ac roedd agoriad genau'r masg yn chwyddo'r llais.

92

Y gair Groeg am fasg yw *prosōpon* sy'n golygu 'wyneb' neu 'prydwedd.' Y gair cyfatebol yn Lladin yw *persona*. Teip o wyneb oedd y masg. Dweud, er enghraifft, mai brenin yw Oidipos a wnâi, ac yna cyflwyno Electra fel merch, er mai dyn fyddai'n chwarae ei rhan hi, a phwrpas amlwg megaffon y genau oedd newid llais i ateb y teip o gymeriad a gyflwynid. Dynwared a wnâi'r masg.

Defnyddid masgiau yn hen ddiwylliant Ynys Creta wrth gorffoli motifau mythaidd, megis gwisgo masg pen tarw, yr anifail pwysicaf yng ngolwg y Cretiaid. Diau mai o'r ddefodaeth hon y tarddodd yr arfer o wisgo masgiau yn nramâu clasurol Groeg.

MENELAWS: Brenin Sbarta a brawd ieuaf Agamemnon. Gŵr Helen a lithiwyd gan Paris i Gaerdroia.

Dywed Clutaimnestra fod gan Helen ddau blentyn, a chan mai eu rhieni nhw oedd achos Rhyfel Caerdroia, pam, felly, na ellid fod wedi aberthu un ohonyn nhw i Artemis yn lle ei merch hi, Iffigeneia. (539 yml.)

MICENAI: Dinas yng ngogledd-ddwyrain deheudir Groeg a oedd yn ganolfan gwareiddiad yn Oes y Pres. Yn ôl traddodiad chwedloniaeth roedd llinach o dywysogion neu frenhinoedd yn llywodraethu yno: Pelops, Atréws, Agamemnon, Orestes. Gw. y Rhagymadrodd.

MORWYN: Ni roddir enwau gweision a morynion mewn trasiedïau Groeg. (79, 634)

MURTILOS: Nid anfadwaith Clutaimnestra ac Aigisthos oedd unig achos helbulon y teulu brenhinol yn Micenai. Roedd gwaed am waed yn hanes y teulu yn mynd yn ôl at Pelops. Cafodd ef ferch Oinomaws, brenin Pisa, yn y Peloponnesos, yn wraig trwy lwgrwobrwyo Murtilos, siaredwr Oinomaws. Mewn ras rhwng Oinomaws a Pelops tynnodd Murtilos bin echel siared Oinomaws, ac enillodd Pelops. Wedi hynny taflodd Pelops Murtilos i'r môr a'i foddi. Para a wnaeth dial gwaed yn hanes y teulu byth oddi ar hynny. Mae'r Côr yn tynnu sylw at y traddodiad hwn o felltithion. (504 yml.)

NEMESIS: Eiddigedd y duwiau. Mae Clutaimnestra yn ll. 791 yn dadlau fod marwolaeth Orestes yn fater o eiddigedd dwyfol oherwydd ei fod wedi bygwth lladd ei fam. (792) Gw. EIDDIGEDD Y NEF.

NIOBE: Merch Tantalos, brenin Sipulos yn Lydia yn Asia Leiaf. Roedd hi'n briod ag Amffion, brenin Thebai. Ganwyd iddi chwe mab a chwe merch. Ymffrostiodd ei bod yn rhagori ar Leto, mam Apolon ac Artemis. Oherwydd ei hymffrost anfonodd Leto ei dau blentyn i ladd holl blant Niobe. Trowyd Niobe ei hun yn garreg a oedd yn dal yn wlyb gan ddagrau ei galar hi. Mae Electra yn ei galar hithau yn dwyn dygnwch tristwch Niobe i gof:

> Yn aros am byth yn dy ddagrau. (150-2)

OLUMPOS: Y mynydd uchaf yng ngwlad Groeg, yn y gogledd-ddwyrain, ac anheddle'r deuddeg o ddwyfolion Olumpaidd. Y prif dduw yn eu plith oedd Zews. (209)

ORACL PUTHIA: Traddodid yr oraclau yn Delffi trwy offeiriades ifanc—y Puthia, mewn cyflwr o ecstasi, a chyfieithid yr oracl gan yr offeiriaid a oedd yng ngofal y deml. Llywyddid ar yr oraclau yng nghyfnod duwiau Olumpos gan Apolon. (32-7)

Mae'n ymddangos, yn ôl y llinellau hyn, fod Orestes wedi penderfynu dial am lofruddiaeth ei dad cyn ymgynghori ag oracl Apolon yn Delffi, a'i fod yn bwrw y byddai'r duw yn cytuno â'i fwriad. Yr argraff a geir o'r geiriau yw mai dweud a wnaeth yr oracl mai ef, Orestes, ar ei ben ei hun, a ddylai ladd y llofruddion, hyn, yn hytrach nag awdurdodi'r lladd. Mae'n bosibl, fodd bynnag, mai hollti blew yw gwahaniaethu fel hyn, oherwydd y mae dweud sut y dylid lladd yn rhagdybio hawl i ladd.

ORESTES: Yn y ddrama hon, gyda dial Orestes ar y llofruddion Clutaimnestra ac Aigisthos, mae Soffocles yn dwyn yr helbulon a fu'n poeni llinach Pelops i ben. Nid yw'r Deraon, yr Erinuës, yn dal i flino'r teulu rhagor, fel yn yr *Oresteia* gan Aischulos.

Ganwyd Orestes cyn i'w dad fynd i Ryfel Caerdroia. Bu ei dad i ffwrdd am ddeng mlynedd. Felly roedd Orestes dros ddeng mlwydd oed pan laddwyd ei dad. Yn ôl yr *Oduseia* lladdwyd Aigisthos yn ystod yr wythfed flwyddyn o'i deyrnasiad yn Micenai. Felly roedd Orestes yn rhyw ugain oed pan ddychwelodd o'i alltudiaeth. Roedd Electra, ei chwaer, yn ddigon hen i'w fagu pan oedd ef yn blentyn, oherwydd dywed hi ei hun yn ll. 1145 yml.:

> nid plentyn dy fam oeddet erioed,
> ond fy nghariad bach i.
> 'Doedd neb yn y tŷ yma'n gofalu amdanat ti,
> ond fi.

Fe fyddai Electra, felly, dros ddeng mlynedd ar hugain yn y ddrama.

Gallai Aigisthos fod wedi lladd Orestes pan lofruddiwyd Agamemnon, oherwydd tra oedd Orestes yn fyw roedd perygl y byddai'n dial marwolaeth ei dad ac yn lladd Aigisthos ei hun. Ar y pryd, fodd bynnag, fe lwyddodd Electra i'w symud o Micenai trwy law gwas o hyfforddwr, ac aed ag ef i Phocis yng nghanolbarth Groeg, ac yno y bu nes dychwelyd i Micenai yng nghwmni'r Hyfforddwr a'r cyfaill Pulades. Fe'i dieithriodd ei hun rhag i neb ei adnabod, ac er mwyn gallu dial achos ei dad yn llwyddiannus.

Wrth gynllunio i ladd Clutaimnestra ac Aigisthos roedd yn gweithredu'n unol â meddwl Apolon:

Pan es i ymgynghori ag oracl Puthia yn Delffi
i wybod pa fodd i ddial ar lofruddion fy nhad,
atebodd Apolon mewn oracl i'r perwyl,
fel y deelli ar unwaith,
y dylwn i, heb ddarpariaeth byddin arfog,
weithio fy hun trwy gyfrwystra,
gosb gyfiawn marwolaeth. (32-7)

Cyfeirio at Orestes y mae'r Côr yn ll. 1508 â'r gair "Had."

Roedd dial ar Clutaimnestra ac Aigisthos yn golygu adfer, trwy Orestes, linach y frenhiniaeth etifeddol yn Micenai. Yr adfer hwn yw ystyr blaen plannu teyrnwialen Agamemnon ar aelwyd y plas ym mreuddwyd Clutaimnestra. Ac arwyddocâd hyn fyddai fod Soffocles yn dangos fod Apolon yn cymeradwyo gwaith Orestes yn dychwelyd i Micenai i gosbi llofruddion ei dad. (294, 788, 1508)

Erbyn y diwedd mae Orestes wedi troi yn erbyn ei fam yn llwyr, yn farw, megis pan oedd hi'n fyw. Felly, pan oedd ei fam yn gorwedd yn ei thranc dan orchudd, fe ddywed wrth Aigisthos:

Cod e dy hun.
Nid rhywbeth i mi, ond i ti
yw gweld beth sy'n gorwedd odano,
ac i dalu'r gymwynas ola. (1470 yml.)

Dyletswydd y perthynas agosaf oedd gofalu am ddefodau claddu. Gwir arwyddocâd geiriau Orestes yw nad ei gyfrifoldeb ef yw hyn, ond dyletswydd Aigisthos.

PELOPS: Mab Tantalos, brenin Lydia yn Asia Leiaf. Sefydlodd linach frenhinol yn neheudir Groeg, yn y Peloponnesos a enwyd ar ei ôl.

Sonnir yn y ddrama hon am blas teulu Pelops yn Micenai fel "llety perchentyaeth llofruddiaethau." (11) Gw. hefyd ATRÉWS, MICENAI, a MURTILOS.

PERSEFFONE: Merch Zews a Demeter. Priod Plwton, ac felly'n frenhines yr Isfyd. Yn ll. 110, lle y ceir cyfeiriad ati, mae Electra yn apelio at alluoedd yr Isfyd i'w chynorthwyo yn erbyn llofruddion ei thad.

PLANT CLUTAIMNESTRA AC AIGISTHOS: Oni bai am y dial byddai'r plant hyn yn disodli plant Agamemnon fel aelodau o'r wir linach frenhinol yn Micenai. Gw. CLUTAIMNESTRA.

PULADES: Tywysog Phocis a mab y brenin Stroffios yno. Wedi ei smyglo o Micenai trwy waith ei chwaer Electra magwyd Orestes gan frenin Phocis, a daeth yn gyfaill mynwesol i Pulades. Pan ddychwelodd Orestes i Micenai gyda'r bwriad o ddial ar ei fam ac ar ei dad yng nghyfraith, daeth Pulades gydag ef yn y cwmni gyda'r hen hyfforddwr. Wedi cyrraedd Micenai mae'r ddau, Orestes a Pulades, yn mynd i olwg bedd Agamemnon ac, yn unol â defodau claddu ar y pryd, mae Orestes yn gosod cudyn o'i wallt ei hun ar y bedd. (51, 55) Nid oes unrhyw ddarn llefaru gan Pulades drwy'r ddrama ar ei hyd. Cymeriad mud ydyw yn y digwydd.

PUTHIA: Yr offeiriades yn Delffi a oedd yn datgan yr oraclau. (32)

PHANOTEWS: Phociad a chyfaill i Aigisthos. Pan ddaw'r Hyfforddwr o Phocis â'r newydd fod Orestes wedi ei ladd, mae'n dweud mai Phanotews a'i hanfonodd. Ond mewn gwirionedd Stroffios, brenin Phocis a'i hanfonodd. Roedd hyn yn rhan o'r cynllun i ddiarfogi Clutaimnestra ac Aigisthos pan ddychwelodd Orestes i Micenai. (44 yml., 667 yml.)

PHOCIS: Rhanbarth yng nghanolbarth Groeg. Llwyddodd Electra i symud ei brawd Orestes o Micenai adeg y llofruddiwyd eu tad Agamemnon. Meithrinwyd ef gan Stroffios, brenin Phocis, a hen hyfforddwr Orestes yntau'n aros gydag Orestes dros holl amser yr alltudiaeth. (45, 1443)

RAS SIAREDAU: Yn ôl y *paidagogos* roedd deg ymgeisydd yn yr ornest siaredau yn Delffi. Groegiaid yn unig a allai gystadlu yn y chwaraeon. Ceir disgrifiad o ras siaredau gan Homer yn *Ilias* 23. 271 yml., sef y ras siaredau a gynhaliwyd ym mabolgampau claddedigaeth Patroclos, cyfaill y Groegwr Achiles. Nid oes amau nad oes dylanwad disgrifiad Homer ar stori'r hyfforddwr gan Soffocles. Rhoddir sylw arbennig yn y ddau ddisgrifiad i'r trobyst yn y ras. Mae'r siaredwr cyfrwys bob amser, medd yr *Ilias*, yn cadw ei lygad ar y trobost ac yn cadw ei olwynion yn agos ato, ond rhaid gofalu peidio â'i gyffwrdd, onid e distrywir y ceffylau a chwalu'r siared—yr union beth a ddigwyddodd i Orestes yn ôl y stori yn y ddrama hon. Ond, er bod dylanwad Homer ar stori'r *paidagogos*, eto mae disgrifiad Soffocles yn fwy cryno, diwastraff a dramatig na'r disgrifiad yn yr *Ilias*. (682-763) Roedd dau bâr o geffylau'n tynnu pob siared, dau bâr mewn rhes.

SBARTA: Dinas yn neheudir y Peloponnesos. Yn ôl stori'r *paidagogos* roedd deg Groegwr yn cystadlu yn yr ornest siaredau yn Delffi pan laddwyd Orestes yn ôl ei stori ef. Roedd un ohonyn nhw o Sbarta. (701)

SÊL-FODRWY: Modrwy y defnyddid yr argraff arni'n sêl, a gallai rhywun wybod oddi wrthi i bwy yr oedd yn perthyn. Ymddengys fod sêl-fodrwy Agamemnon wedi ei hanfon i Stroffios, brenin Phocis, pan aethai Orestes ifanc yn alltud yno adeg llofruddio ei dad. Mae Orestes yn ei dangos i Electra, pan ddatguddiodd ef ei hun iddi, i brofi mai ef ydoedd. (1223)

STROFFIOS: Brenin Phocis. Bu Orestes dan ei ofal dros gyfnod ei alltudiaeth, a'i hen hyfforddwr gydag ef drwy'r holl amser y bu yn Phocis. Mae Orestes yn proffesu dod ag wrn ei ludw ei hun oddi wrth Stroffios. (1110)

TEYRNWIALEN: Roedd hanes arbennig i deyrnwialen (*sceptron*) Agamemnon. Ceir yr hanes yn Homer: *Ilias* 2. 100-108: "Cododd y brenin Agamemnon yn ei sefyll, yn dal y deyrnwialen a wnaed gan Heffaistos ei hun. Rhoes Heffaistos hi i'r Brenin Zews, mab Cronos. Yna rhoddodd Zews hi i Hermes, tywysydd y meirw, a lleiddiad Argos. Wedyn cyflwynodd yr Arglwydd Hermes hi i Pelops, y gyrrwr ceffylau, a Pelops yn ei dro i Atréws, bugail pobl. Pan fu farw Atréws gadawodd hi i Thuestes, cyfoethog o ddiadelloedd, ac yn ei dro gadawodd Thuestes hi i Agamemnon i'w meddiannu wrth deyrnasu dros ynysoedd lawer a holl Argos." Y tebyg yw mai Argolis yw ystyr 'Argos' yma, y diriogaeth rhwng Arcadia a Môr Egeon, a Micenai yn brifddinas.

Wrth blannu'r deyrnwialen ar aelwyd y teulu ym mreuddwyd Clutaimnestra roedd Agamemnon yn trosglwyddo hen sofraniaeth Pelops i'w fab ei hun, Orestes, a oedd yn ymgorffori parhad y llinach frenhinol yn Micenai. (420 yml.) Gw. BREUDDWYD.

THEMIS: Sef y dduwies trefn y sonnir amdani yn y Stroffe gyntaf o'r Ail Gorawd. (1058-1097)

WYLO: Mae Electra yn llinell 285 yn sôn am ryddhad wylo. Ceir cyfeiriad yn fynych yn llenyddiaeth Groeg at fwyniant wylo. Dyna'r gair yn Homer: *Ilias* 4. 182 fod wylo'n deyrnged y mae dyn yn ei rhoi i'w feidroldeb. Yn Aischulos: *Agamemnon* (442) sonnir am ollyngdod dagrau pan welid llwch lladdedigion rhyfel. (285, 829)

ZEWS: Yn ôl Homer ef oedd "tad duwiau a dynion." Teyrnasai ar Fynydd Olumpos yng ngogledd-ddwyrain gwlad Groeg. Ef, "Brenin y Nefoedd," oedd cynheiliad cyfiawnder a deddf. Roedd mellt a tharanfollt yn rhai o'i briodoleddau. (823) Eto, "mae'n gweld pob peth, ac yn eu rheoli." (175)

Mae'r Côr yn cytuno ei bod hi'n iawn i Electra gasáu llofruddion ei thad ac i alaru oherwydd ei farw. Ond maen nhw'n teimlo ei bod hi'n mynd â'i gofid i eithafion, ac maen nhw'n argymell cymedroldeb, ac yn ceisio ei pherswadio i ymddiried yn Zews, (176) yn enwedig gan eu bod yn gallu tystio amdani:

> âi'n ddifai dy afael yn y deddfau dwyfol,
> a chadw a wnaet barchedig
> ofn eto a sêl ddwfn at Zews. (1095-6)